Hug/Gruber
Badener Land

Wolfgang Hug · Walter Gruber

BADENER LAND

in Farbe – in colour – en couleur

Theiss

Die Deutsche Bibliothek –
CIP-Einheitsaufnahme

Badener Land: in Farbe / Wolfgang
Hug ; Walter Gruber. –
Stuttgart : Theiss, 1996
ISBN 3-8062-1184-1
NE: Hug, Wolfgang; Gruber, Walter

Bildnachweis:
T 1, T 64: Günter Beck, Pforzheim;
S. 7, T 22: Wolfgang Hug, Freiburg;
T 57: Stadt Villingen-Schwenningen;
T 67: Joachim Feist, Pliezhausen.
Alle übrigen Aufnahmen:
Walter Gruber, Herrischried

Lektorat: Bärbel G. Renner
Übersetzungen: Claudia Ade Team,
Stuttgart (Englisch: David Allison,
Michael Stephen; Französisch:
Christa Littner-Ecker, M. A.)

Umschlaggestaltung: Jürgen Reichert,
Stuttgart
unter Verwendung einer Aufnahme von
Walter Gruber, Herrischried

© Konrad Theiss Verlag GmbH & Co.,
Stuttgart 1996
Alle Rechte vorbehalten
Satz: Steffen Hahn GmbH,
Kornwestheim
Lithographie: Fotochrom, Grottammare
Druck: Gulde-Druck GmbH, Tübingen
Buchbinder: Buchbinderei
Monheim GmbH, Monheim
Printed in Germany
ISBN 3-8062-1184-1

Inhalt

Contents

Table des matières

Das Badener Land
in Geschichte und Gegenwart

»Vom See bis an des Maines Strand [...]«, singt man im Badischen Sängerbund, »hoch deutsches Lied, hoch Badnerland!« Auch das »Badnerlied« wird heute noch gerne angestimmt:

»Das schönste Land in Deutschlands
   Gau'n,
das ist mein Badnerland.
Es ist so herrlich anzuschau'n
und ruht in Gottes Hand.«

Man singt nun einmal gern in einem Land, in dem es (nach Württemberg) die meisten Chöre und Sängerbünde in ganz Deutschland gibt. Man feiert gern, beim Dorfhock oder Weinfest, in einem Land, das »von der Sonne verwöhnt« ist und in dem mehr gute Weine gedeihen als andernorts, wie die Weinprämierungen zu beweisen pflegen. Man lebt gern in einem Land, das Dorothea von Schlegel einmal als das »gesegnetste Land der Welt« bezeichnet hat. Was macht die Badener so stolz auf ihr Land, das es doch als politische Einheit längst nicht mehr gibt?

Der Name »Baden«

Als 1952 die Länder Württemberg-Baden, (Süd-)Baden und Südwürttemberg-Hohenzollern zum Südweststaat zusammengefügt wurden, hat man im Namen des neuen Bundeslandes »Baden-Württemberg« den kleineren Partner zuerst genannt. Seinen wohlklingenden

Badisches Staatswappen auf einer Säule in den Landesfarben Gelb-Rot-Gelb.

Namen hat das Land Baden von den Landesherren, den Markgrafen und den Großherzögen, die es einmal regierten. Ein Adelsgeschlecht aus der Familie der Zähringer residierte um 1100 auf der Burg oberhalb von Baden-Baden. Jenen Ort hatten die Römer der heißen Quellen wegen, die sie dort entdeckt und genutzt hatten, »Aquae«, zu deutsch: Bäderstadt, genannt. Die mittelalterliche Burg trug, davon abgeleitet, den Namen Hohenbaden, und seit 1112 nannte sich der Zähringer Markgraf Hermann II. »von

Baden«. Nachfahren des Geschlechts gibt es bis heute, und sie tragen eben diesen Namen, wie einst die Markgrafschaften und wie der Staat, der nach dem Willen von Napoleon vor fast 200 Jahren am Oberrhein gebildet worden war.

Ein Kind der Revolution

Jenes Baden war ein »Kind der Revolution«. Als 1795 die Revolutionstruppen Frankreichs den Rhein erreichten, bemühte sich ein hoher Beamter des badischen Markgrafen Karl Friedrich, er hieß Sigismund von Reitzenstein und war Obervogt im badischen Lörrach, um einen Sonderfrieden für seinen Landesherrn. Einen solchen Frieden hatte Preußen gerade mit den Franzosen abgeschlossen. Reitzenstein gelang mit seinen Verhandlungen am Ende ein Coup: Die badische Markgrafschaft, für die er mit Geld und guten Worten die Pariser Regierung zu gewinnen vermochte, wurde zum Kurfürstentum und 1806 sogar zum Großherzogtum erhoben; zudem wurde es für Gebietsverluste links des Rheins fürstlich entschädigt.

Napoleon, der inzwischen Frankreich regierte und seine Adoptivtochter mit dem badischen Erbprinzen vermählte, ließ die verstreut liegenden markgräflichen Territorien »arrondieren« und vergrößerte das Land und seine Bevölkerung auf das Vierfache: Das neue Baden, ein souveräner Staat, hatte rund eine Million Einwohner und erstreckte sich über ca.

15 000 km² in der Form eines Halbmondes vom Bodensee bis zum Tauberland, vom Schwarzwald bis zum Hoch- und Oberrhein.

Die kirchlichen Hoheitsgebiete waren zugunsten des badischen Staates verstaatlicht (säkularisiert) worden; auch die Gebiete weltlicher Herren wie der Fürsten von Leiningen oder von Fürstenberg hatte man dem neuen Staat einverleibt. Die dicksten Brocken hatte Baden erhalten, indem ihm die rechtsrheinische Pfalz (samt der Kurwürde) und der größte Teil Vorderösterreichs zugeschlagen worden waren. Die bayerischen Wittelsbacher, bis zu dieser Zeit Herren der Pfalz, haben den Verlust nie recht verwunden, und auch der österreichische Kaiser hoffte zeitweise auf Revision der napoleonischen »Flurbereinigung«. Doch der Wiener Kongreß bestätigte die Grenzen der deutschen »Mittelstaaten«, zu denen Baden nun zählte.

Was Baden zusammenhält

Der badische Staat war also das Produkt einer »territorialen Revolution«, ein künstliches Gebilde, aus heterogenen Teilen zusammengefügt. Daß er zusammenwuchs und im Bewußtsein sogar sein Ende zu überdauern vermochte, ist das Werk der Geschichte. Diese Geschichte ist nicht als eine zwangsläufige Entwicklung zu verstehen, sondern als Leistung und Werk vieler Menschen. Die Dynastie der badischen Großherzöge bildete das Zentrum der Integration. Die badische Beamtenschaft schuf ein einheitlich organisiertes Gemeinwesen. Eine Verfassung mit moderner Volksvertretung begründete ein gemeinsames Staatsbewußtsein der Bevölkerung. Politische Kultur, wirtschaftliche Dynamik und sozialer Konsens haben im Lauf des 19. Jahrhunderts das »badische Volk« heranwachsen lassen, das sich seit 1871 mit dem deutschen Volk eins fühlte, ohne seine regionale Identität in Frage zu stellen.

Die Bedingungen für das Zusammenwachsen der Menschen »vom See bis an des Maines Strand« waren nicht ungünstig. Die geographische Vielfalt wirkte als Herausforderung und war zugleich eine Chance. Das Land bekam eine differenzierte und doch verbindende Infrastruktur in den Bereichen Verwaltung, Justiz,

Bildung und Verkehr sowie bei der Energieversorgung. Die reiche landschaftliche Gliederung hatte eine nicht weniger reiche Vielfalt der wirtschaftlichen und sozialen Entwicklung zur Folge. Durch die naturräumlichen Unterschiede entstand ein intensiver Austausch zwischen den Landesteilen, die sich gegenseitig mit ihren Produkten und Leistungen ergänzen.

Stammesgrenzen – Mundartgrenzen

Das ganze Badnerland hat, ebenso wie die angrenzenden Länder, eine kelto-romanische Vergangenheit. Seit 260 n. Chr. waren aber die Alamannen in diesem Raum bestimmend und haben ihn ethnisch, sprachlich und sozio-kulturell geformt. Von Norden her drangen dann die Franken ins Oberrheingebiet vor, was sich bis heute im Dialekt niederschlägt: Nördlich der Mundartgrenze, die etwa entlang von Oos und Murg bis zum Kniebis verläuft, spricht man rheinfränkisch, südlich davon alemannisch. Die Dialektgrenze nach Osten zum Schwäbischen ist übrigens erst im 19. Jahrhundert markiert worden. Damals ist das Schwäbische, das eigentlich ein Teildialekt des Alemannischen ist, der sich in Württemberg weiterentwickelte, nun auch begrifflich vom badischen Alemannisch abgegrenzt worden.

Kleinräumigkeit

Weil das Land seit der Stauferzeit in zahllose politische Herrschaftsgebiete aufgesplittert wurde, haben die Teilregionen Badens ihre jeweils eigene Vergangenheit, die im Brauchtum ebenso ihre Spuren hinterließ wie in den historischen Bauwerken. Oft ist sie noch heute in der Denk- und Lebensart der Bevölkerung zu erkennen. Die politische Kleinteilung des Gebietes ist durch die konfessionelle Spaltung noch vertieft worden: Die badische Markgrafschaft war zum Großteil lutherisch, die Pfalz reformiert, Vorderösterreich katholisch – um nur die großen Bereiche zu nennen.

Lebendige Zeugen der früheren politischen Zerklüftung des Südwestens sind die vielen Burgen und Schlösser, Klöster und Rathäuser, die kleinen und großen Residenzen weltlicher und geistlicher

Herrschaften. Zwar setzte die Kleinräumigkeit der Territorien dem höfischen Glanz ihrer Bauherren enge Grenzen, doch hat der Wettbewerb im engen Nebeneinander auch ungewöhnlich viele bedeutende Bauten hervorgebracht.

Durch die politische Enge des Raumes waren die Menschen daran gewöhnt, in kleinen Bezugssystemen zu leben. Ein badischer Beamter klagte denn auch vor hundert Jahren noch: »Die Verhältnisse sind klein, und die Menschen überragen und beherrschen sie selten.« Die Enge und Überschaubarkeit der Verhältnisse haben andererseits aber auch Verantwortung im Gemeinwesen spüren lassen und das Wir-Gefühl gestärkt.

Badener sind moderat

Man sagt den Badenern nach, sie seien moderat und scheuten das Extreme. Auch das hängt wohl mit der begrenzten Reichweite der einstigen Obrigkeiten zusammen. Die Staaten im deutschen Südwesten seien viel zu klein, als daß sie sich auf Macht und Gewalt gründen könnten; so müßten sie ihre Politik auf Vernunft aufbauen, erklärte einmal ein Staatsrechtler vor zweihundert Jahren. Die Enge erzeugte freilich nicht nur Bescheidenheit. Immerhin mag es kein Zufall sein, daß hier in Baden vor rund 150 Jahren die Figur des »Biedermeier« erfunden wurde. Der französische Dichter Jean Giraudoux prägte gar die Formel von »la gemuetlichkeit badoise«. Es ist wohl schon so, wie der letzte badische Staatspräsident Leo Wohleb meinte: »Gut badisch heißt, niemals mit dem Kopf durch die Wand zu wollen.« Der Hang zur Mäßigung setzt Konsensbereitschaft voraus und die Fähigkeit zu Kompromissen. Dazu paßt zum Beispiel auch, daß im Elternhaus des Reichspräsidenten Friedrich Ebert im badischen Heidelberg neben einem Bild des Großherzogs ein Bild von Martin Luther und eine Muttergottes hingen.

Badische »Liberalität«

Eine andere Grundströmung der politischen Kultur Badens bildet die »Liberalität«. Sie zeigt sich sowohl in der Toleranz als auch im unbedingten Freiheitswillen vieler großer Badener. In Freiburg wirkte Anfang des 19. Jahrhunderts, zur Zeit des

Vormärz, Karl von Rotteck als der Kopf des deutschen Frühliberalismus. Und noch heute gelten die »Freiburger Thesen« der FDP als ihr Glaubensbekenntnis. In Baden nahm die deutsche Revolution von 1848 ihren Anfang, und hier fand sie – nach verzweifeltem Kampf der hiesigen Demokraten – ihr Ende. In Baden wurden im 19. Jahrhundert entscheidende liberale Errungenschaften modellhaft für Deutschland durchgesetzt, z. B. die Judenemanzipation und die Gewerbefreiheit, die Schaffung von Verwaltungsgerichten und die Abschaffung der Konfessionsschulen. Daher rührt auch die Bezeichnung »Musterländle« für Baden, die vermutlich der Historiker Treitschke erstmals verwendete. Sie wurde in Stuttgart gerne für den gesamten Südweststaat übernommen.

Soziale Strukturen

Die politische Kultur Badens hat ihr Fundament in den sozialen Verhältnissen des Landes. Die Konsens- und Kompromißfähigkeit hängt wohl mit der sozialen Durchmischung der Bevölkerung zusammen, bei der die Gegensätze nicht so scharf ausgeprägt sind wie etwa in industriellen Ballungszentren. Die Extreme treten hier weniger in Erscheinung. Friedrich Engels fiel bereits im vergangenen Jahrhundert auf, daß hier der soziale Antagonismus fehlte. Er konstatierte vielmehr »wenig Reichtum, wenig Armut, lauter Mittelstand und Mittelmäßigkeit [...], keine sozialen Kollisionen zwischen Millionären und Proletariern.« Geblieben ist die starke Rolle des Mittelstandes, aber auch die Tatsache, daß viele kleine Leute Eigentum an Grund und Boden bzw. ein eigenes »Häusle« besitzen. Selten gibt es so viele Pendler unter den Arbeitnehmern wie hier, die in ihrem Wohnort bodenständig verwurzelt bleiben und dadurch vermutlich weniger anfällig sind für Krisen und revolutionäre Parolen.

Um so mehr ist der Bevölkerung hierzulande die Erhaltung der Natur ein Herzensanliegen. Die »Grünen« gewinnen vor allem bei Landtags- und Kommunalwahlen viele Stimmen. Die erste Bürgerinitiative in Deutschland nahm in Wyhl am Kaiserstuhl ihren Ausgang; sie richtete sich gegen den Bau eines Kernkraftwerks – und sie hatte Erfolg.

Erfinder und Tüftler

Das Fehlen von Großkapital und Großgrundbesitz, aber auch von natürlichen Ressourcen, zwang die Bevölkerung zum Experimentieren, zur Rationalisierung und zu Innovationen. Not macht eben erfinderisch. Die erste Technische Hochschule in Deutschland wurde 1825 als Polytechnikum in Karlsruhe gegründet. Aus dem Badischen stammen so kluge Erfinder wie Karl Friedrich von Drais, auf den das Fahrrad zurückgeht, Robert Gerwig, der Planer der Schwarzwald- und Gotthardbahn, und Carl Benz, der Erfinder des Automobils. Im Schwarzwald wurden Uhren, Spielautomaten und elektronische Instrumente für die ganze Welt entwickelt.

Weltoffenheit: Der Rhein verbindet

Weltoffenheit gehörte stets zu den Merkmalen Badens und seiner Bewohner. Die grenzüberschreitende Orientierung am Fremden und Fernen hat ihren Grund sowohl in der geographischen Lage des Landes als auch in den ökonomischen Zwängen. Der Rhein war seit jeher eine Verkehrsader, die fast alle Regionen Badens mit der Welt verband. Eisen- und Autobahnen haben den Export aus Baden ebenso gefördert wie den Fremdenverkehr. Zugleich haben sie die Bedeutung der Region für den Transit gesteigert. In unmittelbarer Nachbarschaft zu Frankreich und zur Schweiz gelegen, kommt Baden verstärkt eine Rolle als Drehscheibe Europas zu.

Vorzüge und Grenzen des Landes kommen ganz unmittelbar im Siedlungs- und Landschaftsbild zum Vorschein. Es ist vielgestaltig, voll von Gegensätzen und Besonderheiten und doch wie ein harmonischer Zusammenklang. Vieles paßt zusammen: Die Städte mit ihrem Umland, die in die Landschaft eingebetteten Dörfer und Einzelhöfe, der Schwarzwald mit der Rheinebene, die Felder und Wälder mit den Seen und Flüssen, die Klöster, Kirchen und Wallfahrtsstätten, die Burgen, die Rat- und Bürgerhäuser.

Und die Fabriken, Bürohäuser, Einkaufszentren, die Autobahnen, Straßen, Eisenbahnanlagen? Die Zeit blieb auch im Badener Land nicht stehen. Geschichte ist nicht alles in diesem Land. Aber sie hat seinen Charakter geprägt, zusammen mit der Landschaft. Baden hatte Glück mit seiner naturräumlichen Ausstattung, mit Klima, Bodenbeschaffenheit und Gliederung. Nichts herrscht im Übermaß, aber von vielem gibt es reichlich: Sonne für die Reben, Wasser für die Energie, Grünflächen für die Erholung. Das alles aber ist erst durch die menschliche Anstrengung zu einem Kulturland gemacht worden.

The Baden Land, Past and Present

The name "Baden" comes from the former Roman town, Aquae (translated: Bäderstadt [Town of Baths]), which is today called Baden-Baden. The Margraves "von Baden" named their house after the castle above the town. In 1806, their territory was quadrupled by Napoleon and elevated to grand duchy. The situation remained the same until 1918 and, between this date and 1933, Baden was a republic. After 1945, it was split up into two occupied zones. In 1952, it was declared a new Bundesland under the name of "Baden-Württemberg".

The Baden people's communitiy spirit came about as a result of the grand dukes' dynasties. The Baden civil service created a unified and organised community in the 19th. Century. In 1818, the Land's constitution was established. This was represented, in particularly modern fashion, by the people themselves. This led to the citizens' feeling of regional awareness. The Baden "Volk" managed to develop during the last century due to a mixture of cultural politics, economic dynamism and social harmony. Since the foundation of the Reich in 1871, it has identified itself with the German "Volk" without losing its own regional identity. Ancestrally, the Baden Land's populace is a mixture of Alemanni and Franks. The dialectical border between the Alemanni dialect (in the south) and the Rhenish frankonian dialect (in the north) runs along the Oos and Murg rivers to Kniebis. Politically, the Baden Land was split up into three territories until the Grand Duchy of Baden was established. These were: The Palatinate, on the right hand side of the Rhine, The Baden margravate and the Austrian foothill region. Diocese, monasteries and knights of the Empire also owned smaller sovereign territories in this area.

The political fragmentation of the time corresponded to the denominational structure. This historical tradition is mirrored in the cultural variety of the Land and the wide array of castles, monasteries and churches, town halls and taverns. It is also noticeable in the people's mentality. The close-knit nature of the region taught people to behave moderately. At the same time, the people developed a healthy, democratic awareness of freedom. The social structure was determined very little by the existence of extreme differences. This meant that a strong "middle of the road" attitude came to be the norm. The lack of great sums of capital and wide expanses of land forced the Baden people to experiment, to rationalise and to innovate. The Land has a history of great inventors and innovators. Baden has always had close connections with the rest of the world. This is due to the river Rhine and the Land's geographical position.

Le pays de Bade depuis l'histoire jusqu'à nos jours

Le pays de Bade tient son nom de l'ancienne ville romaine «Aquae», ce qui signifie «ville des bains», le Bade-Bade d'aujourd'hui. La dynastie des margraves «de Bade» emprunta son nom au château fort situé sur les hauteurs de la ville. En 1806, Napoléon rendit leur territoire quatre fois plus grand et lui conféra le titre de grand-duché qu'il garda jusqu'en 1918. République alors jusqu'à 1933, le Bade fut divisé en deux zones d'occupation après 1945. En 1952 il se réunit au Wurtemberg pour former, au sein de la nouvelle Fédération allemande, le land du Bade-Wurtemberg.

C'est la dynastie des grands-ducs qui encouragea les Badois à se sentir membres d'une collectivité. Pendant le 19e siècle leurs fonctionnaires établirent une organisation unitaire d'Etat. En 1818 déjà le Bade obtint sa Constitution et une représentation moderne du peuple. Au fur et à mesure des pas en avant vers la culture politique, le dynamisme économique et le consentement à l'organisation sociale, au 19e siècle, les habitants prenant conscience d'être réunis dans un Etat, se sentaient un même «peuple de Bade».

Lors de la constitution de l'Empire allemand en 1871, ce peuple s'est identifié au peuple allemand sans pour autant abandonner son identité régionale.

Du point de vue ethnique, la population du pays de Bade se compose d'Alamans et de Francs. La frontière dialectale entre l'alaman au sud et le francique rhénan au nord s'étend le long des rivierès Oos et Murg jusqu'au mont du Kniebis.

Avant que le grand-duché de Bade se forme, il y avait trois grands territoires politiques: le Palatinat dextrarhénan, le margravage de Bade et les avant-pays de L'Autriche. Du reste des évêchés, monastéres et chevaliers impériaux libres tenaient de petits territoires dans la région. Au morcellement politique correspondait la séparation en foi catholique et foi protestante.

Cette tradition historique est reflétée par la multiplicité culturelle du pays, par sa richesse en châteaux et châteaux forts, monastères et églises, hôtels de ville et tavernes aussi bien que par la mentalité des habitants. L'espace réduit de leur région leur a appris à être modestes et modérés. En même temps ils ont su cultiver la conscience vive de la liberté démocratique. Les structures sociales peu déterminées par d'extrêmes contrastes ont plutôt encouragé le développement d'une classe moyenne fort épanouie. Le fait qu'ils manquent de gros capitaux et de grosses propriétés en terre aussi bien que de ressources naturelles, les a contraints à apprendre à expérimenter, à rationnaliser, à s'ouvrir aux idées innovatrices. De grands inventeurs et bricoleurs ingénieux sont nés de ce pays qui était toujours étroitement lié au grand monde, grâce au Rhin et grâce à sa situation frontalière.

Kernland Badens: Rund um Karlsruhe

»In der Residenz« – so hat der badische Volksschriftsteller Heinrich Hansjakob seine Erinnerungen an seine Karlsruher Jahre betitelt. Karlsruhe war Landeshauptstadt, Sitz des Landtags und der Landesregierung, vor allem aber Residenz des Großherzogs. Als neue Residenz ist »Carls-Ruh« 1715 von Markgraf Carl Ludwig erbaut worden, der wie viele Fürsten damals aus der Enge seiner Burg hinaus in die Ebene zog. Er ließ sich ein Schloß am Rande des Hardtwaldes bauen, bescheiden, vorwiegend aus Holz, aber mit einem 60 Meter hohen Turm, von dem ein Mitteltrakt und dann zwei Flügel ausgingen wie zwei Arme, die nach dem weiten Platz vor dem Schloß ausgreifen. Der Turm ist wie das ganze Schloß rund fünfzig Jahre später in Stein neu erbaut worden. Diese Anlage wurde von Balthasar Neumann entworfen. Sie ist straffer komponiert, doch mit der gleichen Symmetrie wie der Ursprungsbau. Der Turm bildet die Mitte eines Sterns, von dem radial nach Süden alle Straßen zur gleichzeitig mit dem Schloß geplanten Stadt ausgehen. Zur anderen Seite führen 24 Alleen in den Wald. Alles ist streng geplant und wie mit Zirkel und Lineal geschaffen. So entsprach es dem Willen eines aufgeklärten Fürsten des 18. Jahrhunderts. Auf diese Weise entstand Karlsruhe als »Fächerstadt«.

Rund hundert Jahre nach der Gründung erhielt die Stadt mit den Bauten am Marktplatz und entlang der Kaiserstraße das Gesicht, das sie im Kern bis heute kennzeichnet: klassizistisch, stilrein, klar gegliedert und geradlinig profiliert, ohne Schnörkel. Das Rathaus und die Stadtkirche, die katholische Stephanskirche und die Münze und noch manch andere Gebäude sind Werke des Baumeisters Friedrich Weinbrenner, der Karlsruhe zu Beginn des 19. Jahrhunderts den Charakter einer Hauptstadt gegeben hat, einer Hauptstadt mit bescheidener Monumentalität.

Als Landeshauptstadt besaß Karlsruhe Landtags- und Regierungsgebäude; das alte »Ständehaus« ist perfekt restauriert worden. Die Stadt bekam und behielt das Badische Landesmuseum, die Badische Landesbibliothek, das Badische Generallandesarchiv, ein Badisches Staatstheater und die Technische Landesuniversität.

1945 endete die stolze Zeit von Karlsruhe als Landeshauptstadt. Der Krieg hatte die Stadt ohnehin furchtbar mitgenommen. Mehr als ein Drittel aller Häuser waren durch die Bombenangriffe zerstört worden. Inzwischen ist Karlsruhe jedoch längst eine moderne Großstadt geworden, Geschäfts-, Industrie- und Verwaltungszentrum, Kongreßstadt, Stadt der Wissenschaft und der Kunst – vor allem auch die »Residenz des Rechts«, seit die obersten Rechtsorgane der Bundesrepublik Deutschland, das Bundesverfassungsgericht und der Bundesgerichtshof, ihren Sitz in Karlsruhe haben.

Den schönsten Blick auf Karlsruhe und seine Umgebung erlaubt wohl der Turmberg oberhalb von Durlach, zu dem eine Bergbahn aus dem letzten Jahrhundert hinaufführt. Hier oben liegt dem Betrachter das Städtchen Durlach mit der Karlsburg aus dem 16. Jahrhundert zu Füßen, das vor Karlsruhe 150 Jahre lang badische Residenz gewesen war. Nach Süden und Norden breitet sich die Rheinebene als nahezu endlos weite Niederung aus. Den gleichen Blick hat man auch vom Michelsberg, wenige Kilometer nördlich, in der Nähe des Dorfes Untergrombach, der Heimat des streitbaren Jos Fritz aus der Zeit des Bauernkrieges. Man steht dort auf uraltem Kulturboden: Funde vom Michelsberg reichen bis ins 5. Jahrtausend v. Chr. zurück. Im Westen erkennt man über dem Silberband des Rheins die Türme des Doms von Speyer, nach Südwesten reicht der Blick bei klarer Sicht bis zum Straßburger Münster.

In diesem Bezugsfeld »im Herzen Badens« ist die Geschichte des Raumes zu sehen. Sie spiegelt sich u. a. in den Burgen und Schlössern, Kirchen und Klöstern. Durlach und Karlsruhe wurden schon genannt. Bruchsal wurde im 18. Jahrhundert rechtsrheinische Residenz der Fürstbischöfe von Speyer. Ettlingen sah in sei-

nem Schloß den Hof der Markgrafen von Baden-Baden, bevor der »Türkenlouis«, Markgraf Ludwig Wilhelm, Anfang des 18. Jahrhunderts Rastatt erbauen ließ, die erste Schloßanlage nach Versailler Muster auf deutschem Boden. Zu erwähnen sind ferner die Amalienburg in Grötzingen, Schloß Stutensee und das barocke Kleinod Favorite, das sich Augusta Sybilla, die Witwe des Türkenlouis, errichten ließ.

Natürlich ist in diesem Zusammenhang auch Baden-Baden zu nennen, wo alles anfing mit der »badischen« Geschichte. Die alte Höhenburg ist längst Ruine; das »Neue Schloß« stammt im Kern aus der Renaissance und wurde im 19. Jahrhundert umfassend restauriert. Berühmt sind neben der Trinkhalle und dem Spielkasino u. a. das alte Friedrichsbad und die modernen Caracalla-Thermen, eine der größten Badelandschaften Europas mit über 1000 m² Wasserfläche. Von Baden-Baden ist es nicht weit zum Kloster Lichtental, der Grablege der badischen Markgrafen und bis heute Konvent von ebenso frommen wie kunstsinnigen Zisterzienserinnen. Im talaufwärts gelegenen Kloster Frauenalb lebten Nonnen des Benediktinerordens. Lange vor der Gründung von Karlsruhe bestand das heute zur Stadt gehörige Kloster Gottesaue, das glanzvoll wiederhergestellt wurde.

Die Konfessionsgrenzen lagen im Karlsruher Raum eng beieinander: Ettlingen, Rastatt und Baden-Baden waren katholisch, Durlach und Karlsruhe evangelisch, der anschließende Bruhrain mit Bruchsal und Philippsburg, weil zu Speyer gehörig, katholisch. In einzelnen Gemeinden wurden Kirche und Ortsbild von den Waldensern geprägt; sie wurden nach den verheerenden »Franzosenkriegen« von den Markgrafen ins Land geholt. Barocke Kirchen kennzeichnen meist die katholische Herkunft des Ortes, wie in Bruchsal die Peterskirche, in Rastatt die Stadt- und Schloßkirche oder in Bickesheim und Waghäusel die vielbesuchten Wallfahrtskirchen. Viele Kunstschätze aus Kirchen, Klöstern oder Schlössern der Region sind heute in

Museen anzutreffen, z. B. in Karlsruhe, Ettlingen, Bruchsal oder Durlach.

Kehren wir zurück zur Landschaft der Rheinebene. Der Rhein hat sich sein Bett nicht selbst geschaffen. Vor -zig Millionen Jahren entstand durch tektonische Verschiebungen zwischen Vogesen und Schwarzwald ein breiter Graben, die Oberrheinische Tiefebene. Sie nutzte der Fluß, der seitdem in einem breiten Mäanderband vom Knie bei Basel nordwärts zog, einmal träge in tausend Schleifen und Tümpeln verweilend, dann wieder das Land überflutend als »fressender Rhein«, der ganze Ortschaften vertilgte oder zur Umsiedlung zwang. Das änderte sich erst, als der badische Wasserbaumeister Tulla mit der Rheinkorrektur begann. Gegen den heftigen Widerstand der Fischerdörfer, etwa in Knielingen, schuf er dem Fluß ein geradlinig verlaufendes Bett. So konnte der Rhein zur meistbefahrenen Wasserstraße der Welt werden. Der Karlsruher Hafen ist 1902 eingeweiht worden. Ein Ölhafen entstand in den 60er Jahren; er ist über zwei Pipelines mit dem Mittelmeer verbunden und wird von gewaltigen Raffinerien genutzt. Kraftwerke des Badenwerks ergänzen das Bild einer modernen Industrielandschaft.

Die Eingriffe in die Natur wurden einigermaßen gemildert durch die Kultivierung der Rheinaue, wo Nebenarme des Altrheins im stillen Auwald ein Paradies für seltene Vögel bilden und zugleich als grüne Erholungszonen dienen wie der breite Gürtel des sich anschließenden Hardtwaldes.

Weiter nach Osten geht die Hardt (was nichts anderes bedeutet als »Wald«) topfeben in die Senke des »Bruch« über, einst eine Sumpfzone, die längst drainiert und kultiviert ist und wie der Sandboden der Hardt zum Gemüseanbauland wurde. Bruchsal, dessen Name an die Landschaftssenke erinnert, besitzt denn auch den größten Spargelmarkt in ganz Europa.

The Karlsruhe Region: The Baden Heartland

In 1715, Karlsruhe was established as the new residence for the Margraves of Baden-Durlach. The city's streets spread outwards radially from the castle towards the town and the avenues from the castle towards the forest. The city is fan-shaped as a result. At the start of the 19th Century, the architect, Friedrich Weinbrenner, created an new classical look for the Grand Duchy of Baden, which still characterises the townscape today, particularly in the market place.

Following the great destruction of World War Two, Karlsruhe was rebuilt, and, using modern building technology, it has become the centre of Middle Baden. The city boasts facilities for business, industry and administration. Karlsruhe also offers art collections, theatre and congress. The Federal Constitutional Court and the Federal Supreme Court are also to be found here. Karlsruhe is thus recognised as the "Home of Law".

There are various castles in the Karlsruhe region. Some were used by the Baden-Baden margraves as residences, especially Ettlingen and Rastatt, which was built at the beginning of the 18th Century by "Türkenlouis" (Margrave Ludwig Wilhelm). His widow created an atmosphere of baroque beauty in Favorite Castle. In Baden-Baden, the old Hohenbaden Castle remained a ruin since fire destroyed it in the 16th Century. The "New Castle" is home to valuable art treasures.

On the Rhine plain, Karlsruhe borders on the Hardtwald Forest. The Rhine was straightened in the 19th Century. One result of this alteration was the Rhine meadows, which are encircled by the now motionless leftovers of the old Rhine. These islands act as a nature reserve for rare birds and plants and also as a leisure area for the townsfolk. The "Bruch" landscape meets the Hardt Forest in the east. This was formerly marshland. However, it has since dried out. Many vegetables are grown here, as in the sandy soil of the Hardt region, especially asparagus.

Le centre du Bade: Karlsruhe et alentours

Karlsruhe fut fondé en 1715 pour servir de nouvelle résidence au margrave de Bade-Durlach. Les rues qui partent pour la ville et les allées qui vont au bois, rayonnant du même centre qui est le château, lui ont donné le nom de «ville à éventail».

Au début du 19ᵉ siècle, l'architecte Frédéric Weinbrenner a renouvelé la capitale du grand-duché de Bade en lui prêtant les traits du classicisme, bien évidents encore de nos jours, surtout auprès de la place du marché.

Gravement détruite pendant la seconde Guerre mondiale, Karlsruhe fut reconstruite après 1945. Grâce à ses bâtiments modernes il put se développer en grande ville et devenir le lieu principal du Bade central, pourvu d'institutions commerciales, industrielles et administratives, d'un théâtre, d'un palais de congrès et d'importantes collections d'art. En tant que siège de la Cour constitutionelle fédérale et de la Cour fédérale de cassation, Karlsruhe passe aussi pour la «résidence du Droit».

Aux alentours de Karlsruhe on recontre divers châteaux dont une partie servait de résidence au margrave de Bade-Bade, en particulier ceux d'Ettlingen et de Rastatt que le margrave Louis Guillaume dit «Louis aux Turcs» a fait construire au début du 18ᵉ siècle. Sa veuve s'est consolée en faisant construire le château de la Favorite, un joyau du baroque. A Bade-Bade, le château ancien de Hohenbaden sinistré au 16ᵉ siècle restra en ruines. Le «château neuf» abrite des œuvres d'art de grande valeur.

C'est la forêt de la Hardt qui touche à Karlsruhe dans la plaine du Rhin. Le Rhin étant rectifié au 19ᵉ siècle, des bras d'eau ancienne se sont conservés dont l'étendue héberge en lieu de retraite des oiseaux et des plantes devenus rares et offre le repos aux habitants des villes qui viennent aux weekends.

A l'est de la forêt de la Hardt se situe le paysage du «marais». Dans cette ancienne zone marécageuse depuis longtemps mise à sec, on cultive quantité de légumes, dont surtout les asperges, comme aux sols sableux de la Hardt.

1 Karlsruhe, Schloß. Das Schloß war Sitz der Markgrafen und Großherzöge bis zum Ende der Monarchie 1918. Es entstand 1715. Seine vollendete Symmetrie erhielt es um 1750 durch einen Umbau unter Karl Friedrich. Das im Zweiten Weltkrieg zerstörte Schloß wurde wiederaufgebaut. Heute befindet sich hier das Badische Landesmuseum.

1 Karlsruhe, Castle. The castle was the seat of the Margraves and Grand Dukes until the end of the monarchy in 1918. The castle dates from 1715 and obtained its perfect symmetry in 1750. The castle was reconstructed at the end of the second world war and today houses the Baden State Museum.

1 Karlsruhe, château. Construit en 1715 et comblé de symétrie parfaite en 1750, le château fut la résidence des margraves et des grands-ducs jusqu'à la fin de la monarchie en 1918. Aujourd'hui c'est le musée national de Bade qui y réside. Gravement endommagé pendant la guerre, le château dût être entièrement remis en état. Aujourd'hui il prête ses lieux au musée national de Bade.

3 Karlsruhe, Badisches Staatstheater. Der moderne Neubau des Badischen Staatstheaters wurde auf dem Gelände des alten Bahnhofes der Stadt errichtet und 1975 eingeweiht. Die Stahlplastik von J. Goertz stellt Pegasus, den »Musengaul«, dar. Das frühere Hoftheater befand sich am Schloßplatz, an der Stelle des heutigen Bundesverfassungsgerichts.

3 Karlsruhe, Baden State Theatre. The modern new building housing the Baden State Theatre was officially opened in 1975. The steel sculpture by J. Goertz represents Pegasus, the steed of the Muses. The former court theatre was located on the castle square where the Federal Constitutional Court can be found today.

3 Karlsruhe, théâtre national de Bade. La construction moderne du théâtre national de Bade fut inaugurée en 1975. L'œuvre plastique d'acier créée par J. Goertz représente le Pégase, symbole de l'inspiration poétique. L'ancien théâtre de la Cour s'était trouvé près de la place du château où se dresse aujourd'hui la Cour constitutionnelle fédérale.

2 Karlsruhe, Marktplatz. Der Marktplatz von Karlsruhe bildet, auf der zentralen Achse dem Schloß gegenüber, das Zentrum der Stadt mit der evangelischen Stadtkirche, dem Rathaus, der Grabpyramide für den Stadtgründer und dem Denkmal für Karl Friedrich. Die klassizistischen Gebäude schuf Friedrich Weinbrenner Anfang des 19. Jahrhunderts.

2 Karlsruhe, Marketplace. Karlsruhe marketplace forms the centre of the town with the Protestant town church, town hall, tomb for the town fathers and the Karl Friedrich monument. Friedrich Weinbrenner constructed these classical buildings at the beginning of the 19th century.

2 Karlsruhe, place du marché. La place du marché de Karlsruhe ainsi que l'église protestante, l'hôtel de ville, la tombe pyramidale du fondeur de la ville et le monument de Charles Frédéric en forment le centre. Les édifices de style classiciste datant du début du 19e siècle sont l'œuvre de Frédéric Weinbrenner.

4 Rheinaue. Nach der Rheinkorrektur durch Johann Gottfried Tulla blieben von den einst undurchdringlichen Auwäldern nur noch Reste im Bereich der Altrheinarme erhalten. Sie wurden z. T. rekultiviert. Die wertvollen Feuchtbiotope stehen unter Naturschutz und dienen als Erholungslandschaft.

4 Rheinaue. After the course of the Rhine was corrected by Johann Gottfried Tulla, only a few vestiges of the previously impenetrable meadow forests remained around the arms of the Altrhein. These have been re-cultivated to some extent. The valuable wet biotopes are listed and used as a leisure area.

4 Rheinaue. Le cours du fleuve étant rectifié, selon les plans de Johann Gottfried Tulla, les bois jadis impénétrables ne bordent plus que quelque bras du Vieux Rhin. En partie on les a récultivés. Les biotopes précieux servant de zone de régénération jouissent de la protection d'un parc régional.

5 Bruchsal, Schloßkanzlei. 1719/20 verlegte der Bischof von Speyer, Damian Hugo von Schönborn, die Residenz nach Bruchsal. Am Schloßbau, einem weitläufigen Komplex, wirkten über Jahrzehnte hinweg mehrere Architekten. Berühmt ist das von Balthasar Neumann geschaffene Treppenhaus. Dem Schloßgebäude gegenüber steht südlich vom Ehrenhof die Kanzlei.

5 Bruchsal, Castle Chancellery. In 1719/20, the Bishop of Speyer, Damian Hugo von Schönborn, transferred the palace to Bruchsal. Several architects worked on the construction of the castle over a period of decades. The stairwell by Balthasar Neumann is famous. The chancellery is at the southern end of the courtyard opposite the castle building.

5 Bruchsal, chancellerie du château. En 1719/20 l'évêque de Spire, Damien Hugo de Schönborn, transféra sa résidence à Bruchsal. Plusieurs architectes ont travaillé à la réalisation du château, pendant des dizaines d'années. L'escalier créé par Balthasar Neumann est célèbre. En face du château se trouve la chancellerie.

6 Schloß Ettlingen, Asamsaal. An der Stelle des 1689 niedergebrannten Markgrafenschlosses ließ Sibylla Augusta, die Witwe des Markgrafen Ludwig Wilhelm, das neue Schloß in Ettlingen errichten, das um 1730 fertiggestellt war. Die Schloßkapelle erhielt Fresken von Cosmas Damian Asam. Nach dem Zweiten Weltkrieg wurde der Raum zum Konzertsaal umgestaltet.

6 Ettlingen Castle, Asam Chamber. Sibylla Augusta, the widow of the Margrave Ludwig Wilhelm, built the new castle in Ettlingen to replace the Margrave castle which was burnt down in 1689. The castle was finished in 1730. The castle chapel, with frescos by Cosmas Damian Asam was redesigned after the second world war and turned into a concert hall.

6 Château d'Ettlingen, salle d'Asam. A la place du château des margraves, mis à cendres en 1689, Sibylla Augusta, veuve du margrave Louis Guillaume, fit dresser le château nouveau d'Ettlingen, achevé en 1730. La chapelle peinte à fresque par Cosmas Damien Asam fut aménagée en salle de concert après la seconde guerre mondiale.

7 Rastatt, Schloß. Markgraf Ludwig Wilhelm von Baden-Baden, der »Türkenlouis«, verlegte zu Beginn des 18. Jahrhunderts seine Residenz nach Rastatt, wo nach Plänen von Rossi und Rohrer Stadt und Schloß neu erbaut wurden. Es entstand das – nach Mannheim – zweitgrößte Barockschloß Südwestdeutschlands, in der hufeisenförmigen Anlage Versailles nachgebildet.

7 Rastatt, Castle. Margrave Ludwig Wilhelm von Baden-Baden, "Louis the Turk", moved his palace to Rastatt at the beginning of the 18th century where the town and castle were rebuilt. The second largest Baroque castle in south west Germany after Mannheim was modelled on the horseshoe design of Versailles and built here in Rastatt.

7 Rastatt, château. Au début du 18ᵉ siècle, le margrave Louis Guillaume de Bade-Bade dit Louis aux Turcs transférant sa résidence à Rastatt, fit construire une ville et un château complètement à neuf. S'inspirant de Versailles, complexe en fer à cheval, ce château baroque est le deuxième en grandeur parmi ses contemporains au sud-ouest de l'Allemagne.

9 Baden-Baden, Caracalla-Thermen. Die Kurstadt an der Oos verfügt über großzügige alte und neue Thermalbäder. Die Caracalla-Thermen, nach Plänen von Hans-Dieter Hecker 1985 erbaut, zählen zu den schönsten Badeanlagen Europas. Hier gibt es Sprudelbäder, Strömungskanäle, Freiluft- und Hallenbecken, Sauna, Massage und vieles andere mehr.

9 Baden-Baden, Caracalla Thermals. There are old and new thermal baths at the spa town on the Oos. The Caracalla thermals, built in 1985 according to plans by Hans-Dieter Hecker, are some of the most beautiful bath facilities in Europe and contain whirlpools, current channels, open-air and indoor pools, sauna, massage and a great deal more.

9 Bade-Bade, thermes Caracalla. Située sur l'Oos, la ville de cure thermale dispose de bains anciens et modernes de grand style. Les thermes Caracalla, de l'an 1985, en comptent parmi les plus beaux de l'Europe. On y trouve entre autres des bains à bouillonnement et à courant, des bassins couverts ou de plein air, des saunas, des salons de massage.

◁ **8 Schloß Favorite.** Johann Michael Ludwig Rohrer schuf von 1710 bis 1712 für die Markgrafenwitwe Sibylla Augusta das Schloß Favorite (»die Bevorzugte«) als Sommerresidenz. Die Gartenfassade öffnet sich zum weitläufigen Schloßpark. Die kostbare Inneneinrichtung des Schlosses vereint in reizvollen Details verschiedene Stilelemente der Zeit.

8 Favorite Castle. Johann Michael Ludwig Rohrer built Favorite Castle as a summer palace for the Margrave's widow Sibylla Augusta between 1710 and 1712. The garden facade opens onto the castle park. The luxurious interior furnishings combine in attractive detail various style elements of the period.

8 Château de la Favorite. C'est Jean Michel Louis Rohrer qui l'a créé de 1710 à 1712, comme résidence d'été pour Sibylla Augusta, la veuve du margrave. La façade aux jardins s'ouvre sur un vaste parc. L'intérieur précieux du château réunit les plus charmants détail du style de l'époque.

21

10 Frauenalb, Klosterruine. Die ehemalige Klosterkirche der Benediktinerinnen im Albtal entstand 1723 bis 1751 nach Plänen von Peter Thumb. Das Kloster selbst wurde bereits 1158 gegründet und kam im 13. Jahrhundert an die badischen Markgrafen. 1802 wurde es aufgehoben, die Gebäude verfielen. Heute sorgt eine Stiftung für den Erhalt der Ruinen.

10 Frauenalb, Monastery Ruins. The former Benedictine monastery church was built between 1723 and 1751 according to plans by Peter Thumb. The monastery itself was founded in 1158 and fell to the Margrave of Baden in the 13th century. The monastery was dissolved in 1802. In recent times a foundation has been striving to preserve the ruins.

10 Frauenalb, ruine du monastère. L'ancienne église abbatiale des bénédictines fut construite de 1723 à 1751, selons les plans de Pierre Thumb. Le monastère lui-même date de 1158 et entra en possession des margraves de Bade au 13e siècle. Après sa dissolution en 1802, le monastère tomba en ruines. Une fondation récente s'est chargée de les conserver.

Die Ortenau mit Rench- und Kinzigtal

»Mordenau« hieß die Region einmal; nichts als Urwald soll es hier gegeben haben. Man möchte es kaum glauben angesichts der heutigen Schönheit dieser Landschaft. Da wird man eher Sebastian Münster zustimmen, dem Humanisten und Landeskenner, der um 1550 die Ortenau »ein klein, aber ganz fruchtbar Ländlin« nannte, »darin gut Wein und ziemlich Korn wächst«.

Die Ortenau hat schon durch ihre Lage viel zu bieten: Von der breiten, fruchtbaren Rheinebene geht es in die liebliche Vorbergzone, an der die »Badische Weinstraße« entlangführt, durch die kleinen und großen Täler hinauf auf den Hochschwarzwald. Rund 1000 Meter Höhenunterschied überspannt die Ortenau.

Vielfältig wie das Landschaftsprofil ist die historisch-politische Landkarte der Region. Das Bistum Straßburg hatte Hoheitsrechte im Renchtal und in Ettenheim, im Norden und Süden der Ortenau also. Die Landvogtei Ortenau gehörte zunächst zu Vorderösterreich, dann zur Markgrafschaft Baden. Ferner gab es eine Reihe bedeutender Klöster wie Schuttern, Gengenbach und Ettenheimmünster. Die Kinzig aufwärts hatten die Fürstenberger das Sagen. Und wie stolze Inseln befanden sich drei Freie Reichsstädte zwischen diesem Konglomerat geistlicher und weltlicher Herrschaften: Offenburg, Gengenbach und Zell am Harmersbach. Nicht zu vergessen das freie »Reichstal« mit bäuerlicher Selbstverwaltung, das es am Harmersbach gab.

Diese Aufsplitterung hatte ein Ende, als 1803/06 die gesamte Ortenau badisch wurde. Doch in den Ortsbildern, Kirchen und Rathäusern wirkt die frühere Vielfalt fort, z. B. in dem vom elsässischen Vorbild bestimmten Fachwerkbau, in den stolzen Fassaden mancher Gast- und Partrizierhäuser – und natürlich in der Lebensart der Menschen.

Es lebten und leben freisinnige Leute hier. Schon Grimmelshausen, der in Oberkirch Stadtschreiber war, hat den Gang der Zeiten freimütig kritisiert. Aus Haslach im Kinzigtal stammte Heinrich Hansjakob, zeitlebens ein streitbarer Geist als Volksschriftsteller und liberaler Pfarrherr. Der Lahrer »Hinkende Bote« hatte stets einen guten Ruf als zeitkritischer Volkskalender. In Offenburg schließlich hat man in den Jahren 1847 bis 1849 dreimal in mächtigen Volksversammlungen den revolutionären Umsturz geplant und beschlossen.

Der freisinnige Geist paart sich indes mit einer ausgeprägten Lebensfreude, die sich dem Schönen zuwendet und allem, was dem Gaumen behagt. Die Ortenau ist ein Paradies für Schlemmer. Hier findet man beste Weinlagen; nirgends in Baden sollen bessere Rieslinge und bessere Rotweine wachsen als hier. Und die Gastronomieführer verzeichnen etliche Gourmettempel in der Region.

Viele Gemeinden sind für ihr schmuckes Ortsbild mit Preisen bedacht worden. Schönere Häuserfronten als in Sasbachwalden oder in der Engelgasse zu Gengenbach könnte sich kaum ein romantischer Maler ausdenken. Die Fenster und Galerien zeigen herrlichen Blumenschmuck. Am Sonntag und für die Touristen trägt man in einzelnen Dörfern und Städtchen die »alte« Tracht mit ihren schönen Farben. Weltbekannt und eines der »Markenzeichen« des Schwarzwalds sind die Gutacher Bollenhüte, leuchtend rot für die unverheirateten Frauen, schwarz für die Ehefrauen. Bei der modernen Wiederbelebung alter Trachten ist natürlich auch viel Folklore im Spiel. Dasselbe gilt für andere Formen des Brauchtums, das indes gerade in der Ortenau schon immer gepflegt wurde, insbesondere das Fasnachtsbrauchtum mit seinen Masken, Verkleidungen und Umzügen.

Die Wiederbelebung der Traditionen kommt dem Tourismus zugute, der in der Ortenau schon früh eine bedeutende Rolle spielte. Bis ins 19. Jahrhundert galten die Bäder im Renchtal als Treffpunkte der vornehmen Welt. Heute dienen die dortigen »Sauerbrunnen« wohl mehr der Mineralwasserherstellung. Den Fremdenverkehr konnte auch schon die Schwarzwaldbahn von Offenburg nach Villingen fördern, die Robert Gerwig erbaute und die 1873 eröffnet wurde. Mit ihren fast vierzig Tunnels, den zahllosen Brücken und Schleifen ist sie bis heute eine Attraktion für Eisenbahnfans. Im 1698 Meter langen Sommerautunnel – er ist der längste der ganzen Strecke – überquert die Bahn die Wasserscheide zwischen Rhein und Donau.

Die Bahn diente indes in erster Linie der wirtschaftlichen Erschließung des Schwarzwalds. Sein Holz wurde zuvor meist von Flößern die Kinzig hinab zum Rhein, nach Straßburg und bis zu den Schiffswerften in Holland gebracht. Sechs bis zwölf Stämme band man dabei zu einem »Gestör« und reihte diese hintereinander zu Flößen, die einige hundert Meter lang waren. Die Eisenbahn löste die Flößerei schließlich ab. Holz wurde natürlich auch vor Ort gebraucht, für den Hausbau, die Heizung, in Form von Holzkohle für die Eisenwerke, Keramiköfen und Glasbläsereien. Für die Glasherstellung, die in Wolfach oder in Achern heute in modernen Betrieben erfolgt, wurden außerdem Pottasche (von Aschenbrennern aus Abfallholz gewonnen) und Quarzsand aus der Region benötigt. Verbreitet war in den höher gelegenen Wäldern die Harzerei, durch die man den Baumbestand schwer dezimierte.

Bergbau spielte früher eine wichtige Rolle: In Prinzbach wurden Silber und Blei gewonnen; in Wolfach förderte man Kobalterze, die – von den Flößern als »Oblast« mittransportiert – in Holland für die Delfter Kacheln gebraucht wurden.

Der bedeutendste Wirtschaftszweig war für die Täler und Höhen der Ortenau jedoch die Landwirtschaft. Je höher die Höfe lagen, desto mühsamer war die Arbeit und um so karger der Ertrag. Darum blieben die Nebenerwerbszweige gerade hier so wichtig: Strohflechten, Uhrenmachen, Schnapsbrennen zum Beispiel. Die vielfältigen Traditionen der bäuerlichen Lebenswelt sind in dem vom Ortenaukreis betreuten Freilichtmuseum »Vogtsbauernhof« standortgetreu und lebensnah dokumentiert. Hier findet man die schönsten und wichtigsten Haustypen des Schwarzwalds, entweder im Original oder dem Original nachgebaut.

Fleiß und Wohlstand der Bewohner der Ortenau sind nicht zuletzt in den vielen kleinen und mittleren Städten der Region bezeugt. Am Talausgang der Kinzig hat Offenburg eine dominierende Stellung, auch als Eisenbahnknotenpunkt zwischen den Nord-Süd- und den Ost-West-Strecken. Wie Offenburg hat Lahr seine Bedeutung aus Handel und Gewerbe gewonnen. Hier wird seit gut 200 Jahren Tabak verarbeitet, den die Tabakbauern in Mittelbaden auf rund 600 ha Fläche erzeugen. Anfangs kam aus Lahr vorwiegend Schnupftabak, später wurden die Zigaretten der zu Reemtsma gehörenden Firma Roth-Händle bekannt. Auch die Papierherstellung hat hier – wie in Zell am Harmersbach und in Oberkirch – eine lange Tradition. Buntbedrucktes Papier ist sozusagen ein Markenzeichen von Offenburg geworden, seitdem dort Burda zum bedeutendsten Unternehmen seiner Branche geworden ist.

In gewisser Weise bildet die Ortenau einen Kosmos im Kleinen. Wo sonst gibt es auf so engem Raum so viel zu entdecken? Störche und Kormorane in den Rheinauen zum Beispiel, Rebhänge und Zwetschgenplantagen in der Vorbergzone, Legföhren und Hochmoore auf den Höhenzügen, und immer wieder malerische Winkel und Stadttore, Brunnenstöcke, Feldkreuze und Bergkapellen, kunstvolle Altäre in alten Kirchen, stolze Schwarzwaldhöfe, festliche Trachten, Ernst und Heiterkeit in der Lebensart.

The Ortenau Region with the Renchtal and Kinzigtal Valleys

As early as 1550, the Ortenau Region was referred to by Sebastian Münster as, "a small, but quite fertile little region, in which wine and an ample amount of corn grows." The region lies in a favourable position between the Rhine plain and the high regions of the Black Forest. The "Baden Wine Route" travels through the foothills in the Ortenau region. In former times, the region was split politically into numerous estates. As free towns of the Empire, Offenburg, Gengenbach and Zell am Harmersbach were answereable only to the Kaiser. Proud town halls stand as a reminder of earlier independence.

Excellent vineyards are to be found in the Ortenau region, as well as first class restaurants and picturesque villages and towns. In some places, the locals wear traditional dress on Sundays. The traditional ladies' hats adorned with pom poms from Gutach are a widely known item of apparel. Customs have also been maintained, especially during the carnival period. The Ortenau is a very popular holiday region. The Black Forest railway line, which goes from Offenburg through the Kinzigtal Valley to Villingen, is famous for its many bridges and tunnels. Opened in 1873, it has been a great attribute for the tourism industry and has helped to "sell" the Black Forest to visitors.

The Black Forest's greatest treasure is its wood. Timber used to be transported along the Kinzig to the Rhine and then to Holland by raft. Other wood was turned to charcoal by charcoal burners and then used in ironworks, potteries and glassworks. The farmers were only able to use the valleys for farming. In the highland areas, many survived by working additionally in cottage industries.

In a sense, the Ortenau region is a small cosmos all of its own. There are storks and cormorants living in the meadows close to the Rhine, vine slopes and fruit orchards in the foothills, mountain pines and moors in the Black Forest hills. The picturesque little villages, magnificent farms and beautiful churches with their valuable art treasures are particularly worth seeing.

L'Ortenau avec la vallée de la Rench et de la Kinzig

Déjà vers 1550, le cosmographe Münster rend hommage à l'Ortenau en l'appelant «un pays petit, mais bien fertile où poussent du bon vin et du froment en quantité». La région est favorisée par sa bonne situation entre la plaine du Rhin et la Forêt Noire supérieure. C'est la route de vin badoise qui mène à travers l'Ortenau en suivant la zone d'avant-montagne. Jadis de nombreuses seigneuries se partagèrent le pays. Les villes libres d'Offenburg, Gengenbach et Zell aux bords du Harmersbach n'avaient d'autre souverain que l'Empereur. De fiers hôtels de ville en rappellent l'ancienne indépendance.

Dans l'Ortenau on trouve des vignes excellentes, des restaurants de première classe, des villages et villes pittoresques, donts certains où les habitants portent leur costume ancien le dimanche. L'on connaît les chapeaux à gros pompons de Gutach. Partout on conserve les coutumes traditionnelles, particulièrement pendant le carnaval. L'Ortenau est une région de vacances bien appréciée. Inauguré en 1873, le chemin de fer de Forêt-Noire qui mène d'Offenburg à Villingen, est célèbre pour le grand nombre de ponts et galeries. Il fut propice au tourisme et à l'évolution économique de la Forêt-Noire.

C'est le bois qui est la plus grande richesse de la Forêt-Noire. Dans le temps on fit flotter les troncs d'arbres sur la Kinzig jusqu'au Rhin et même jusqu'aux Pays-bas. Les charbonniers carbonisèrent du bois pour gagner le charbon de bois nécessaire aux usines métallurgiques, aux poteries et aux verreries. Seul dans les vallées, les paysans purent vivre du gain de leur terre, en altitude beaucoup d'entre eux se nourrirent par les recettes accessoires d'un travail à façon.

L'Ortenau forme un microcosme. Il y a des cigognes et des cormorans dans les prairies inondées des eaux du vieux Rhin, des vignes et des vergers dans l'avant-montagne, des pins et des fagnes aux altitudes de la Forêt-Noire, mais surtout il y a des sites pittoresques, des fermes de taille et de belles églises qui renferment des œuvres d'art de grande valeur.

11 Sasbachwalden bei Achern. In der Vorbergzone reihen sich die malerischen »Vorzeigeorte« der Ortenau aneinander, die – wie Sasbachwalden – mehrfach preisgekrönt wurden bei den Wettbewerben »Unser Dorf soll schöner werden«. Die Weinberge, die sanfte Hügellandschaft mit den Streuobstwiesen und die schmucken Häuser bilden ein harmonisches Ensemble.

11 Sasbachwalden near Achern. Picturesque Ortenau "showpiece localities" follow one after the other in this outlier area – one of these is Sasbachwalden. The vineyards of the gentle hilly landscape with its orchard meadows and decorative houses form a harmonious ensemble.

11 Sasbachwalden près d'Achern. Dans l'avant-montagne s'alignent nombre de lieux de grand pittoresque comme Sasbachwalden, qui représentent la beauté de l'Ortenau. Ses vignes, ses collines douces aux prés-vergers et les maisons plaisantes forment un ensemble harmonieux.

13 Gengenbach. Malerisch wie die Engelgasse präsentiert sich das ganze Städtchen Gengenbach, das einmal Freie Reichsstadt war. In der Engelgasse, benannt nach einem gleichnamigen Wirtshaus, wohnten vor allem Kleinbauern und Winzer. Die Fachwerkhäuser stehen, wie hier üblich, traufseitig zur Straße mit vorkragendem Obergeschoß.

13 Gengenbach. The whole town of Gengenbach presents itself as picturesquely as its Engelgasse. Small farmers and winegrowers were the main inhabitants of Engelgasse, so called after an inn of the same name. The eaves and projecting upper storeys of the half-timbered houses typically face on to the street.

13 Gengenbach. La ville entière de Gengenbach présente la même beauté pittoresque que cette ruelle qui tient son nom de la taverne Engel. Des petits paysans et des vignerons y habitaient. Les maisons caractéristiques du pays, en pans de bois et dont l'étage dépasse le socle, donnent sur la rue par le côté du toit.

◁ **12 Offenburg.** Das Rathaus, ein reich gegliedertes Barockgebäude aus dem Jahre 1741, verkörpert den Stolz der Bürgerschaft einer Freien Reichsstadt. Die Fenster mit schön geschwungenen Gesimsen sind von flachen Bogen überwölbt. Zur Zeit der badischen Revolution von 1848/49, die in Offenburg vorbereitet wurde, amtierte hier Gustav Rée als Bürgermeister.

12 Offenburg. The Town Hall, a richly structured Baroque building originating from the year 1741, embodies the pride of the citizenry of this, a free city. Mayor Gustav Rée held office in the town hall during the period of the Baden revolution of 1848/49, the preparations for which were made in Offenburg.

12 Offenburg. Bâtiment baroque de 1741 et richement structuré, il témoigne de la fierté des citoyens d'une ville libre. C'est dans cet hôtel de ville que résida le maire Gustave Rée aux temps de la révolution badoise de 1848/1849, laquelle fut préparée à Offenburg.

14 Freilichtmuseum »Vogtsbauernhof«. Das 1964 gegründete Freilichtmuseum zeigt die verschiedenen Schwarzwaldhaustypen und zahlreiche Nebengebäude wie Säge, Speicher, Mühle, Back- und Brennhäusle, Hammerschmiede und Hofkapelle. Sie dokumentieren die Arbeits- und Lebenswelt der Menschen im Schwarzwald, vor allem in der vorindustriellen Zeit.

14 Open-Air Museum "Vogtsbauernhof". The open-air museum, founded in 1964, exhibits various types of Black Forest houses and countless outbuildings such as sawmill, barn, mill, baking house, furnace and farmyard chapel. They mainly document the working and living conditions in the Black Forest in preindustrial times.

14 Musée de plein air du Vogtsbauernhof. Ce musée des fermiers dépendant d'un prévôté fut fondé en 1964. En exposant les différents types de maisons de Forêt-Noire et leurs annexes comme la scierie, le grenier, le moulin, le four, la distillerie et la chapelle de la ferme, il documente le travail et la vie en Forêt-Noire, surtout pour les temps précédant l'industrialisation.

15 Kinzigtal bei Wolfach. »Eine glückliche Gegend« nannte Goethe das »goldene Land« zwischen Schwarzwald und Rhein, und für Johann Peter Hebel war es ein »Paradiesgärtlein«. Die Flüsse schufen die Topographie der Schwarzwaldtäler und prägen sie bis heute. Nichts erinnert jedoch mehr an die einst reißenden Fluten der Kinzig und die Überschwemmungen in früherer Zeit.

15 Kinzigtal near Wolfach. Goethe called the "golden land" between the Black Forest and the Rhine "a happy region". The rivers have shaped the topography of the Black Forest valleys and continue to characterise them today. There is no reminder of the powerful floods and inundation caused by the Kinzig in earlier periods, however.

15 Vallée de la Kinzig près de Wolfach. Goethe a appelé «le pays d'or» entre la Forêt-Noire et le Rhin un «paysage heureux». Les vallées de Forêt-Noire doivent leur topographie aux rivières qui les empreignent toujours. Plus rien pourtant ne rappelle le torrent sauvage qu'était la Kinzig et ses grandes inondations aux temps révolus.

29

16 Ettenheim. Die Stadt war einst Nebenresidenz der Fürstbischöfe von Straßburg. Dieser Rolle verdankt sie ihr barockes Aussehen, das bis heute erhalten blieb, beherrscht von der Stadtpfarrkirche St. Bartholomäus. Dort liegt Kardinal Rohan begraben, der letzte geistliche Landesherr, der 1789 auf der Flucht vor der Französischen Revolution hierher emigriert war.

16 Ettenheim. The town used to be the second residence of the Prince-Bishop of Strasbourg and owes its Baroque appearance to this role. Cardinal Rohan who emigrated here in flight from the French Revolution in 1789 lies buried in the town parish Church of St. Bartholomew.

16 Ettenheim. La ville doit son apparence baroque aux princes-évêques de Strasbourg l'ayant choisie comme résidence secondaire. Le cardinal de Rohan s'enfuyant de la Révolution y a émigré en 1789. La sépulture du dernier des princes-évêques se trouve dans l'église paroissiale de St Bartholomé.

17 Lahr, Storchenturm. Im 18. Jahrhundert wurde Lahr die bedeutendste Handelsstadt Mittelbadens. Tabak- und Hanfverarbeitung brachten Arbeit und Wohlstand. Von der ehemaligen Befestigung der quadratisch angelegten Burgstadt der Herren von Geroldseck blieb der Storchenturm erhalten. Die Innenstadt wurde in jüngster Zeit vorbildlich saniert.

17 Lahr, Stork Tower. Lahr was the most important trading city in central Baden in the 18th century. Tobacco and hemp processing brought work and prosperity. The Storchenturm (stork tower) remains from the previous fortifications of the quadratic fortress town. The whole of the town centre has been superbly restored in recent years.

17 Lahr, Tour aux Cigognes. Au 18e siècle, Lahr ▷ devint la ville de commerce la plus importante du Bade central. L'exploitation du tabac et du lin lui apportait du travail et de la prospérité. Seule la Tour aux Cigognes témoigne encore de l'ancien château fort de la ville carrée. Le centre-ville a été remis en état de façon exemplaire.

18 Rust, Europapark. Der Freizeitpark in Rust wurde seit seiner Eröffnung 1975 ständig erweitert. Vielseitige Angebote mit Themenbereichen aus ganz Europa, Ritterspiele, Eisrevuen, Zirkusvorführungen und über 30 Fahrattraktionen bringen Spaß und Vergnügen für jährlich über zwei Millionen Besucher. Zudem gibt es hier zahlreiche Restaurants sowie ein Erlebnishotel.

18 Rust, Europapark. The holiday park in Rust, opened in 1975, with its knights' tournaments, ice shows, circus presentations and over 30 rides gives fun and pleasure to over two million visitors a year. Countless restaurants and an adventure hotel are also available for visitors.

18 Rust, Parc de l'Europe. Inauguré en 1975, le parc à loisirs de Rust reçoit plus de deux millions de visiteurs par an. Des tournois de chevaliers, des revues de patinage, des cirques et plus de 30 manèges comptent parmi ses attractions. Il dispose aussi de nombreux restaurants et d'un hôtel de loisirs.

Der Breisgau mit dem Kaiserstuhl

Was soll man als Wahrzeichen für den Breisgau wählen? Den Freiburger Münsterturm? Das Breisacher Stephansmünster? Den Schauinsland? So wenig man die Stelle eines Flusses bezeichnen kann, an der dieser Fluß am ehesten er selbst ist, so wenig läßt sich eine Landschaft von einem einzigen Standort aus in ihrer Eigenart vollständig erfassen. Daß Freiburg im Breisgau jedoch so etwas wie den Kern und Inbegriff dieser Region darstellt, läßt sich schwerlich bezweifeln.

Diese Stadt hat heute rund 200 000 Einwohner und ist zum Zentrum für Südbaden geworden. Vor fünfzig Jahren war sie sogar Hauptstadt des von den Franzosen geschaffenen Landes »Pays Bade« und von 1945 bis 1952 Sitz eines Landtags und einer Landesregierung. Auch in der Zeit, bevor Freiburg zu Baden kam, besaß die Stadt Hoheitsfunktionen. Hier war die vorderösterreichische Regierung mit den »Breisgauer Landständen« zu Hause. Die Stände repräsentierten Adel, Geistlichkeit und die Städte des »Breisgau«, der damals bis Waldshut und Villingen reichte. Es habe unter ihrem Regiment eine »behagliche Anarchie« geherrscht, wie ein Historiker einmal meinte.

Gegründet wurde Freiburg, wie Offenburg oder Villingen, von den Zähringern, die der Stadt 1120 das Marktrecht verliehen. Von den Gründern erhielt Freiburg neben einem früh-demokratischen Stadtrecht den planvollen Grundriß, der bis heute das Stadtbild der Kern- oder Altstadt bestimmt: Eine Hauptachse als breite »Marktstraße«, die heutige Kaiser-Joseph-Straße, mit einer Querspange und einem gitterförmigen Netz von kleinen Straßen und Gassen, durch die in den »Bächle«, einer Freiburger Attraktion, Wasser aus der Dreisam fließt. Von den Stadttoren des Mittelalters haben sich zwei aus der Stauferzeit erhalten, das Martins- und das Schwabentor.

Das Stadtbild zeigt auch viel »Pseudo-Mittelalterliches« aus den Jahrzehnten des Historismus um die Jahrhundertwende. Damals wurde die Stadt groß durch Industrien (wie die Orgelbaufirma Welte oder die Textilfirma Mez), durch den Zuzug von Pensionären und auch durch das sprunghafte Wachstum der Universität, an der heute rund 23 000 Studenten eingeschrieben sind. Das Universitätshauptgebäude entstand wie viele andere Bauten hier vor dem Ersten Weltkrieg in der Zeit des Jugendstils. Der Bau der »Alten Universität« stammt aus der Barockzeit wie auch weitere bedeutende Bauwerke der Stadt. Zu ihnen gehört das Stadtpalais von J. Ch. Wentzinger, in dem jetzt das Historische Stadtmuseum untergebracht ist. Die bedeutendste Kunstsammlung in Freiburg besitzt das Augustinermuseum. Dort sind vor allem Schätze der oberrheinischen Kunst des Spätmittelalters ausgestellt, darunter Werke von Mathias Grünewald und Hans Baldung, der 1512/16 den Hochaltar für das Freiburger Münster schuf.

Dieses Münster, dessen Bau um 1200 begonnen wurde, ist 1513 fertiggestellt worden, stilrein wie wenige Kathedralen, vollendet in den Proportionen, mit hochaufstrebendem Hauptschiff und Chor, mit leuchtenden Farbfenstern; die Architektur ist reich gegliedert und überreich mit Figuren geschmückt. Der Turm (gegen 1350 vollendet) gilt mit Recht als der »schönste der Christenheit«, wie der Historiker Jacob Burckhardt urteilte. Seit 1827 ist das Münster auch Bischofskirche des damals errichteten Erzbistums Freiburg. Auf dem Platz um das Münster findet werktags ein Wochenmarkt statt, auf dem die Bauern vom Umland ihre Produkte zum Kauf anbieten – ein Augen- und Gaumenschmaus. In und vor den Gaststätten am Münsterplatz wie auch sonst in der Stadt sieht man bei schönem Wetter die Leute ein »Viertele schlotzen«; es herrscht hier schon ein wenig südländisches Flair. Liebeserklärungen an diese Stadt findet man viele, sowohl bei Prominenten wie Walter Jens oder Wilhelm von Humboldt als auch bei Werbetextern, denen Freiburg als »Stadt des Waldes, des Weines und der Gotik« gilt. Ein Humanist pries Freiburg schon vor fast fünfhundert Jahren als eine der besten christlichen Städte, und Johann Peter Hebel besang die Breisgaumetropole mit den Versen: »Z'Fryburg in der Stadt, suufer isch's un glatt, rüchi Herre, Geld un Guet, Jumpfere wie Milch un Bluet, z'Fryburg in der Stadt.«

Anders als das Freiburger Münster mit seinen filigranen Strukturen wirkt das Breisacher Stephansmünster eher wie eine Festung Gottes. Lange genug gehörte der Münsterberg von Breisach zur »Wacht am Rhein«. Und auch lange bevor Frankreich Ende des 17. Jahrhunderts den Rhein zur Grenze gemacht hatte, galt Breisach »als Schlüssel des Reiches«. Die Stadt besitzt keltische und römische Wurzeln. Die »Brisigavi« werden – neben den »Lentienses«, den Leuten vom Linzgau am Bodensee – schon gegen 400 n. Chr. als Germanenstamm erwähnt; sie gaben der Region den Namen. Breisach hat unter den schier endlosen Kriegszeiten des 17./18. Jahrhunderts besonders schwer gelitten. Heute ist es auf liebenswerte Weise restauriert. Als erste Gemeinde hierzulande bekam Breisach den Titel »Europastadt«. Es ist Sitz exklusiver Sektkellereien und beherbergt den »Badischen Winzerkeller«, eine der größten Kellereien Europas mit einer Lagerkapazität von über 160 Millionen Litern.

Der Wein kommt vor allem aus dem Kaiserstuhl, der als Vulkaninsel zwischen Breisach und Freiburg aus der Rheinebene aufsteigt. Von einer kaiserlichen Richtstätte der Ottonenzeit kommt wohl der Name, von Vulkanausbrüchen vor gut 20 Millionen Jahren kommt das Kaiserstuhlmassiv selbst. Der Südwind hat feinen Sand durch die Burgundische Pforte hierher geweht, wo er sich in einer z. T. meterdicken Lößschicht ablagern konnte. In diesem Löß wachsen, neben einer Flora von seltenen Pflanzen, seit gut tausend Jahren Reben, die besonders gehaltvolle Weine liefern. Denn der Kaiserstuhl hat die meisten Sonnentage im Land; Ihringen a. K. gilt als der wärmste Ort Deutschlands. Der Wein hat natürlich Klöster und Adelsfamilien verlockt, hier

Weinberge zu erwerben, und diesen Interessen verdankt der Kaiserstuhl manchen Herrensitz und bedeutende Kunstwerke in den Kirchen der Region.

Gleiches gilt für die nach Osten sich anschließende March, den Tuniberg oder das Gebiet von Bad Krozingen und Staufen. Selten findet man so viele Schlösser wie hier, z. B. in Neuershausen, Hugstetten oder in Bad Krozingen, in Ebnet, Munzingen oder Buchholz, selten so viele Burgruinen, hier seien nur die Sponeck, die Limburg und die Nimburg, die Hochburg und die Burg von Staufen genannt.

Nicht weniger reich an schönen Kirchen, Pfarr- und Rathäusern, Gast- und Winzerstuben ist der Breisgau zwischen Rhein und Vorbergzone. Am Rande des Schwarzwalds oder auf seinen westlichen Erhebungen gibt es zahlreiche bedeutende Klöster oder Klosterfilialen wie St. Trudpert im Münstertal, St. Ulrich, St. Peter, St. Märgen oder Oberried.

Damit sind wir bereits zum Ostteil des Breisgaus gelangt, den Tälern und Höhen des westlichen Hochschwarzwaldes. Man erlebt diesen Teil des Breisgaus vor allem als Erholungslandschaft. Mit dem Bau der Höllentalbahn 1887 zog der Fremdenverkehr in diese Gegend ein. Hinterzarten oder Titisee dienen ebenso als Postkartenkulisse wie das Glottertal, wo man die bekannte Fernsehserie »Die Schwarzwaldklinik« drehte. Der Schauinsland ist gleichermaßen als Wander- wie als Skigebiet beliebt. Der Berg heißt mit dem Zweitnamen »Erzkasten«, und in der Tat haben hier oder in der Nähe, etwa in Sulburg, schon die Römer Bergbau betrieben. Die Silber- und Bleierze haben nicht wenig zum Wohlstand von Freiburg und anderen Breisgaustädten beigetragen. Die letzten Gruben sind erst in jüngster Zeit stillgelegt worden, und manche hat man nun zum Schaubergwerk »aufpoliert«.

The Breisgau Region and the Kaiserstuhl

The town of Freiburg is the heart of the Breisgau region. With a population of two hundred thousand, it is a centre for the whole of southern Baden. The town was founded by the Zähring dynasty at the beginning of the 12th Century. They designed the town's ground plan, laying the main streets following a coordinate system, and city gates, of which the Martin's Gate and the Swabian Gate still exist, as well as tiny stream running through the streets and the large cathedral square. This former parish church, which is today a cathedral, was built in gothic style and is adorned with numerous works of art. It has a famous high altar, made by Hans Baldung. According to the respected historian, Jacob Burckhardt, Freiburg's cathedral tower is the "most beautiful tower in Christendom." Freiburg is regularly referred to as the "town of forest, wine and gothic."

Breisach is an old town with Celtic and Roman origins. In the Middle Ages, it was considered the "key of the Empire". In the modern era, Breisach served as a border fort by the Rhine, and weathered some terribly difficult times during the war periods of the 17th and 18th Centuries. Following the massive destruction of the Second World War, Breisach was marvellously rebuilt. Today it is home to exclusive sparkling-wine cellars and the "Baden Winecellar", which, with a storage capacity of over one hundred and sixty million litres, is one of the largest cellars in Europe. The Kaiserstuhl is to be found between Breisach and Freiburg. It is a vulcanic mountain which was formed twenty million years ago and covered by loess blown in by the South wind. Many rare plants grow in the fertile loess soil, complemented by a particularly warm climate. Most notably, an excellent wine is produced here.

The soil in the foothills on the western edge of the Black Forest is equally as fertile as that around the Kaiserstuhl. Vineyards and orchards are to be found here, too. The whole area boasts a wide array of old manor houses, stately homes and castle ruins. There is also a fine variety of churches and monasteries.

Brisgau et Kaiserstuhl

Fribourg-en-Brisgau et ses 200.000 habitants sont le centre du Sud-Bade et le noyau de la région. Fondée au début du 12e siècle par les Zähringen selon un plan bien réfléchi, Fribourg est une ville à croisement axial des rues principales et à portes dont la porte Martin et la porte des Souabes se sont conservées jusqu'à nos jours. Son plan réserve aussi la grande place pour la cathédrale et les «ruisselets» de décharge dans les rues. La cathédrale gothique, église paroissiale au début et siège de l'évêque aujourd'hui, est dotée d'innombrables œuvres d'art. Son autel élevé de la main de Jean Baldung est célèbre, à l'en croire à l'historien Jacob Burckhardt, sa tour passe pour la «plus belle du monde chrétien». Souvent Fribourg est appelée «ville des bois, du vin et du gothique.»

Breisach, ville très ancienne aux racines celtiques et romaines, passait pour la «clé de l'Empire» médiéval. Aux temps modernes elle était chargée de fortifier la frontière du Rhin et pendant les guerres des 17e et 18e siècles, elle endura de terribles souffrances. Gravement endommagée pendant la seconde guerre mondiale, Breisach fut entièrement reconstruite après 1945, de manière exemplaire. Aujourd'hui des caves de vins mousseux exclusifs y résident, de même que les Caves badoises qui disposent d'une capacité d'emmagasinage de plus de 160 millions de litres de vin, figurant donc parmi les plus grandes de l'Europe.

Entre Breisach et Fribourg se situe la montagne du Kaiserstuhl dont le nom signifie «chaise de l'Empereur». D'origine volcanique, cette montagne âgée d'environ 20 millions d'années est recouverte de loess, terre fertile que le vent du sud a apportée. Par un climat particulièrement doux, ce sol prodige produit un grand nombre de plantes rares, mais surtout un vin de qualité excellente.

La zone d'avant-montagne au bord occidental de la Forêt-Noire présente la même fertilité que le Kaiserstuhl. On y rencontre des vignes et des vergers. La région entière est comblée de vieux sièges seigneuriaux, de châteaux et ruines de châteaux forts, d'églises et de monastères.

9 Freiburg i. B., Münster. Das Münster mit dem »schönsten Turm der Christenheit«, wie ihn der Historiker Jacob Burckhardt einmal nannte, ist nicht nur das Wahrzeichen der Stadt Freiburg. Es stellt, fast vollständig im Stil der Gotik erbaut, ein Meisterwerk der oberrheinischen Architektur dar und besitzt eine Fülle wertvoller Kunstwerke.

9 Freiburg, Cathedral. The cathedral with "the most beautiful tower in Christendom", as the historian Jacob Burckhardt called it, is not only the symbol of the city of Freiburg. Built almost entirely in the Gothic style, it is also a masterpiece of upper Rhine architecture and offers a wealth of valuable works of art.

9 Fribourg, cathédrale. D'un style gothique des plus achevés et comblée d'œuvres d'art précieuses, la cathédrale de Fribourg, enseigne de la ville, représente un chef d'œuvre de l'architecture aux bords du Rhin supérieur. Pour l'historien Jacob Burckhardt, sa tour passe pour «la plus belle du christianisme».

20 Freiburg i. B., Münsterplatz. Um das Münster, die Pfarrkirche der Stadt, lag ursprünglich der Kirchhof. Nach dessen Schließung um 1500 breitete sich hier der Wochenmarkt aus. An der Südseite des Platzes mit dem Georgsbrunnen stehen Gebäude aus der Barockzeit, wie das Erzbischöfliche Palais und das Wentzingerhaus, sowie das Historische Kaufhaus aus dem 16. Jahrhundert.

20 Freiburg, Minster Square. The graveyard originally lay around the cathedral and the weekly market established itself here after the graveyard was closed around 1500. Baroque buildings such as the archiepiscopal palace, the Wentzinger house and the historical 16th century trade house stand on the south side of the square with George's Fountain.

20 Fribourg, place de la cathédrale. Lorsqu'en 1500, le cimetière entourant la cathédrale fut fermé, l'on se mit à tenir le marché de la semaine sur la place. A son côté sud où se trouve la fontaine de Sᵗ Georges, elle est flanquée de bâtiments baroques, comme le Palais des archévêques et la maison des Wentzingen, et du Magasin historique datant du 16ᵉ siècle.

21 Kaiserstuhl mit Totenkopf. Aus der Oberrheinebene steigt der Kaiserstuhl ein paar hundert Meter empor bis zur höchsten Erhebung, dem Totenkopf (557 m). Der Hauptkamm liegt hufeisenförmig über den Lößhügeln, die mit ihren kalkreichen Böden, den Hohlwegen und Rebbergterrassen optimale Bedingungen für den Obst- und Weinbau bieten.

21 Kaiserstuhl and Totenkopf. The Kaiserstuhl rises up from the plains of the upper Rhine to the highest peak, the Totenkopf (557 metres). The main crest lies horseshoe-shaped above the loess hills, the fertile, chalky soil, cavernous paths and vineyard terraces of which provide optimum conditions for the cultivation of fruit and wine.

21 Kaiserstuhl et Totenkopf. De la plaine du Rhin supérieur se lève la montagne du Kaiserstuhl, culminée par le Totenkopf (557 m). La crête principale passe en fer à cheval audessus des collines aux sol fertiles de loess. Terrassées et pourvues de chemins creux, elles offrent des conditions idéales pour la culture de la vigne et des fruits.

22 Niederrotweil, Marienaltar. Das Kaiserstuhl-Gebiet besitzt in zahlreichen Kirchen Kunstwerke von hohem Rang, insbesondere aus der Zeit der Spätgotik und des Barock. Der von Meister HL (Hans Loy?) geschnitzte Flügelaltar in Niederrotweil zeigt die Krönung Marias durch Gottvater und Gottsohn, daneben den Erzengel Michael und Johannes den Täufer.

23 Breisach. Der Breisacher Münsterberg ragt steil am Ostufer des Rheins empor. Die Stadt am Rheinübergang galt im Mittelalter als »des Reiches Schlüssel«. Das Stephansmünster aus der Stauferzeit gleicht einer wehrhaften Gottesburg. Im Innern besitzt die Kirche bedeutende Fresken von Schongauer und einen großartigen Schnitzaltar des Meisters HL.

22 Niederrotweil, Altar. The Kaiserstuhl area possesses first class works of art, particularly from the late Gothic and Baroque periods. The carved winged altar by Master HL (Hans Loy?) in Niederrotweil shows the coronation of Mary by God the Father and God the Son flanked by the Archangel Michael and John the Baptist.

23 Breisach. The town on the important Rhine crossing was considered the "key to the Empire" in the Middle Ages. St. Stephen's Cathedral, dating from the Staufer period, is like a fortified church. Important frescos by Schongauer and a splendid carved altar by Master HL are to be found inside the church.

22 Niederrotweil, autel de Ste Marie. La région du Kaiserstuhl est riche en œuvres d'art de premier rang, datant surtout du gothique flamboyant et du baroque. L'autel ailé à Niederrotweil, taillé par le maître «HL» (probablement Hans Loy) représente la Vierge couronnée par le Père et le Fils, à ses côtés se tiennent l'arcange Michel et St Jean Baptiste.

23 Brisac. Au Moyen âge, la ville au pont sur le ▷ Rhin passait pour la «clé de l'Empire». La cathédrale datant du temps des Staufen est une église de défense aux traits d'un château fort. Les fresques extraordinaires de Martin Schongauer et l'autel superbe du maître HL en valent bien une visite.

24 Staufen mit Burg. Staufen liegt zu Füßen eines Bergkegels, den man den »Stauf« (= umgekehrter Pokal) nannte. Eine mächtige Burgruine erinnert an die einstigen Burgherren, in deren Diensten um 1500 der legendäre Alchimist Dr. Faustus stand. Staufen besitzt einen malerischen Ortskern mit Marktplatz, gotischem Rathaus, alten Gasthöfen und vielen stillen Winkeln.

24 Staufen with Castle. Staufen lies at the foot of a peak called "Stauf" (= upturned goblet). Imposing fortress ruins are a reminder of the former castle masters in whose service the legendary alchemist

Dr. Faustus worked around 1500. The centre of Staufen with its market square and Gothic town hall is particularly picturesque.

24 Staufen et château fort. Situé aux pieds d'un sommet conique appelé «Stauf» pour son aspect de coupe renversée, Staufen possède un centre pittoresque avec une place du marché et un hôtel de ville du gothique flamboyant. La ruine de l'énorme château fort rappelle la mémoire des anciens seigneurs et du Docteur Faust, alchimiste légendaire en leur service vers l'an 1500.

25 Emmendingen. Emmendingen im nördlichen Breisgau war einst Sitz der Markgrafen von Hachberg, die ihr Schloß von der nahegelegenen Hochburg in die Stadt verlegten. Hier wirkte im 18. Jahrhundert Johann Georg Schlosser, der Schwager Goethes, als badischer Landvogt. Das heutige Bild der Innenstadt wurde im 18. und 19. Jahrhundert geprägt.

25 Emmendingen. Emmendingen, in northern Breisgau, was formerly the seat of the Margraves of Hachberg who moved their castle from the nearby castle into the town. Johann Georg Schlos-

ser, Goethe's brother-in-law acted as Baden's land-vogt here in the 18th century. The picture presented by the town centre today dates from the 18th and 19th centuries.

25 Emmendingen. Situé au nord du Breisgau, Emmendingen était la résidence des margraves de Hachberg qui, las du château fort en altitude, s'étaient transférés en ville. L'aspect urbain actuel est marqué des bâtiments du 18ᵉ et 19ᵉ siècle.

26 Elzach, Fasnacht. Die Tradition der alemannischen Fasnacht reicht Jahrhunderte zurück. Fast jeder Ort hat sein eigenes Brauchtum. In Elzach tragen die Narren (»Schuddig« genannt) ein rotes »Flecklehäs« und eine ausdrucksvoll geschnitzte Holzmaske mit einem dreieckigen »Schneckehüslihut«.

26 Elzach, Carnival. The tradition of the Alemannic carnival stretches back centuries. Almost every locality has its own customs. In Elzach, the Narren or fools (also called "Schuddigs") wear a red "Flecklehäs" costume and an expressively carved wooden mask with a triangular shaped "Schneckehüslihut" or "snail-shell-hat".

26 Elzach, carnaval. Le carnaval alaman remonte à une tradition multiséculaire. Presque chacun des lieux a ses propres coutumes. A Elzach, les fous portent un costume rouge cousu de pans d'étoffe, un masque expressif de bois taillé et un chapeau triangulaire à «escargot».

27 Siegelau. Der Schwarzwaldhof ist stets aus Holz gebaut. Unter dem mächtigen Dach sind Menschen, Vieh und Vorräte geborgen. Man baute die Höfe nahe am Talbach, den Wohnteil zur Sonnenseite ausgerichtet. Die Fenster gliedern mit ihrem leuchtenden Blumenschmuck die Fassade wie bunte Bänder. Viele Höfe haben wie dieser hier ihre eigene Hofkapelle.

27 Siegelau. Black Forest farms are always constructed out of wood. People, cattle and supplies are all hidden beneath the massive roof. The farms were built near the valley stream with the living space facing south. The windows divide the facades like colourful ribbons with their radiant flower arrangements. Many farm estates have their own chapels.

27 Siegelau. La ferme de Forêt-Noire, toujours construite du bois de la région, abrite sous ses combles énormes les hommes, les bêtes et les réserves en même temps. Elle se situe à proximité d'un ruisseau, ses appartements donnent sur le sud. Beaucoup des fermes ont leur propre chapelle.

28 Hinterzarten. Der Kurort mit idealem Heilklima liegt auf einer weiten Hochfläche, die unter Naturschutz steht. Eine alte Wallfahrtskirche bildet mit ihrem barocken Zwiebelturm und einem modernen, zeltförmigen Kirchenbau ein Wahrzeichen der Gemeinde. Hinterzarten besitzt renommierte Hotels, Kuranlagen sowie weitverzweigte Ski- und Wanderwege.

28 Hinterzarten. The spa with its healthy climate lies on a broad plateau which is listed as a natural conservancy area. An old pilgrimage church with its Baroque onion tower and modern, tent-shaped church building is a symbol of the local community. Hinterzarten has hotels, spa establishments, ski areas and footpaths which branch out in all directions.

28 Hinterzarten. Hinterzarten-les-bains au climat salutaire se situe sur un vaste plateau classé site naturel protégé. Son visiteur pourra profiter des bains, des hôtels, des nombreux chemins à randonnée et pistes à ski. L'église de pèlerinage au clocher baroque en oignon et à l'abside moderne en forme de tente est l'enseigne de la commune.

9 St. Peter. Der Ort mit dem weitläu-
gen Klosterkomplex liegt auf einer
Hochfläche am Südabhang des Kandel-
massivs. Die einstige Benediktinerabtei
wurde von den Zähringern 1093 als
Hauskloster gegründet und bestand bis
1806. Die barocke Klosterkirche und
der Konventsbau mit einem herrlichen
Bibliothekssaal wurden von Peter
Thumb geschaffen.

9 St. Peter. This locality lies on a plateau on the southern slopes of the Kandel massif. The former Benedictine
abbey was founded by the Zähringers in
1093 as a household monastery and
continued in existence until 1806. The
baroque monastery church and the
convent buildings with their splendid
library were erected by Peter Thumb.

9 St. Peter. Situé sur un plateau des
pentes méridionales du massif Kandel,
St. Peter est une ancienne abbaye béné-
dictine. Fondée en 1093 pour servir aux
Zähringen, elle a existé jusqu'en 1806.
Son église baroque et le couvent avec sa
splendide bibliothèque sont l'œuvre de
Pierre Thumb.

30 Schauinsland. Wie der Name schon sagt, hat man vom »Schau-ins-Land« einen weiten Blick über die Oberrheinische Tiefebene bis hin zu den Vogesen, im Süden bis zu den Alpen, im Osten und Norden auf den Hochschwarzwald. Die exponierte Bergkuppe ist den heftigsten Weststürmen ausgesetzt, denen die Wetterbuchen am Höhenkamm nur mit Mühe standhalten können.

30 Schauinsland. As the name makes clear, Schau-ins-Land or "view the country" offers a wide view of the upper Rhine lowland plain right up to the Vosges, and to the south as far as the Alps. The peak is exposed to the most violent westerly storms.

30 Schauinsland. Fidèle à son nom de «vue sur le pays», ce sommet exposé à la force des vents d'ouest offre pourtant un panorama magnifique qui comprend la plaine du Rhin supérieur jusqu'aux Vosges, la Forêt-Noire supérieure à l'est et au nord, et même les Alpes, au sud.

46

Markgräflerland und Wiesental

Vom Blauen aus kann man das ganze Markgräflerland sehen. Gewiß, im engeren Sinn gehört nur dazu, was einmal den badischen Markgrafen unterstand, das Gebiet von Müllheim/Badenweiler bis Lörrach und hinauf bis Schopfheim: die »obere Markgrafschaft« also, der allerdings auch die Herrschaft Hachberg (im nördlichen Breisgau) zuzurechnen wäre. Aber nehmen wir die Landschaft als Ganzes, vom Rhein über die Niederterrasse in die Vorbergzone, hinauf zur Kammlinie des Schwarzwalds und dahinter ins Tal der Wiese, die über Schopfheim zwischen Lörrach und Weil dem Rhein zufließt. Eine Landschaft der mannigfaltigsten Unterschiede, aber mit gleitenden Übergängen, ohne Schroffes: Vielfalt in milder, bekömmlicher Schichtung, süffig sozusagen wie der Gutedel, den man geradezu als Synonym für das Markgräflerland nehmen kann. Es ist ein »Rebland, Webland, Lebland«, wie der heimische Dichter Hermann Burte es besungen hat, ein »Uralemanne«, der seiner politischen Gesinnung wegen freilich nicht unumstritten blieb.

Wie das ganze Oberrheingebiet kann man das Markgräflerland in Höhenstufen gliedern: Der begradigte Rhein wird von einem schmalen Grünstreifen, den Rheinauen, begleitet. Auf dem alten Leinpfad, auf dem einst Treidler die Schiffe rheinaufwärts gezogen haben, kann man mit dem Fahrrad die Strecke von Breisach bis Basel ganz autofrei buchstäblich »erfahren«. Seitdem Tulla den Stromlauf begradigte, wurde der Rhein schneller, grub sich ein tieferes Bett, der Grundwasserspiegel sank, beschleunigt noch durch den Bau des Rheinseitenkanals, und die Rheinauen trockneten aus. Zwischen den Trockenbuschwäldern wird der kiesige Untergrund sichtbar. Zahllose Kiesbagger beuten heute diesen Naturvorrat aus. Sie bilden freilich nur eine der Bedrohungen für die Natur des Raumes. Der Chemie-Unfall bei der Firma Sandoz, der eine erhebliche Dezimierung des Fischbestandes zur Folge hatte, ist nicht vergessen. Kaliwerke haben jahrzehntelang zu einer Versalzung des Grundwassers beigetragen. Jetzt sieht man in den Flachglaswerken bei Hombourg neue Gefahren für das »Dreieckland«.

Wo wir bei den Umweltproblemen sind: Der intensive Ackerbau auf der Niederterrasse zwischen Hochgestade und Vorbergzone hat die Böden ausgelaugt, die starke Düngung brachte Nitrat in das Grundwasser; Monokulturen, Mais vor allem, ließen das Landschaftsbild langsam veröden. Inzwischen wird sparsamer gedüngt, Sonnenblumen- und Rapsfelder wechseln ab mit Getreideäckern. Auch die Winzer der Vorbergzone haben gelernt. Umweltschonende Grundsätze bestimmen weithin den Rebbau im Markgräflerland. Dauerbegrünung des Untergrunds zwischen den Rebstöcken erlaubt eine Reduzierung giftiger Pflanzenschutzmittel, zudem wird die Weinbergflora dadurch bunter und vielfältiger. Weg von der Monotonie – dies streben auch die Obstbauern an. Neben den Plantagen mit ihren schnurgeraden Reihen niederstämmiger Kirschen- und Apfelbäumchen findet man jetzt auch wieder locker bepflanzte Streuobstwiesen. Dies alles macht die Landschaft noch reizvoller, als sie dank ihrer naturräumlichen Gliederung ohnehin ist.

René Schickele, der Dichter der deutschfranzösischen Verständigung, bezeichnete das Markgräflerland als die »Toskana Deutschlands«. Dabei stand ihm vor allem die Hügelzone vor Augen mit ihrem weichen Wechsel von Reben, Wiesen und Feldern, von Mulden und sanft ansteigenden Hängen, bis dann der Wald vom Saum steil hinaufführt zu den Schwarzwaldgipfeln auf 1200 bis 1400 Meter Höhe, am Belchen, am Köhlgarten, am Blauen. In die weichen Linien der Vorbergzone fügen sich Dächer und Kirchtürme der Markgräfler Dörfer ein. Nicht wenige von ihnen wurden beim Wettbewerb »Unser Dorf soll schöner werden« preisgekrönt. Schickele fühlte sich in Badenweiler daheim wie noch manche, die in der »Toskana Deutschlands« auch eine Region für Dichter und Künstler

sahen. Annette Kolb, die Halbfranzösin, verbrachte die Sommer meist in Badenweiler. Anton Tschechow starb 1904 hier. Emil Strauß, Wilhelm Hausenstein, Elly Heuß-Knapp liebten den Ort. Bildende Künstler versammeln sich neuerdings gerne in dem Markgräfler Dorf Holzen. Hochmodern präsentiert sich in Weil das Design-Museum der Firma Vitra. Als Mekka der Töpferkunst gilt seit langem das Städtchen Kandern. Viele Jahre schon wird im Markgräflerland die Mundart auch literarisch gepflegt. Kein geringerer als Johann Peter Hebel war ein Sohn dieser Landschaft, die er in seinen alemannischen Gedichten voll Poesie und Tiefsinn verewigt hat. Gerhard Jung und andere führen diese Tradition bis in die Gegenwart fort. Zu bewundern sind auch viele Zeugnisse kunstsinniger Vorfahren, etwa im Lörracher Museum am Burghof oder in manchen Dorfkirchen, in denen man z. B. Wandbilder aus dem Spätmittelalter findet.

Vielerorts stehen noch ehemalige Wasserschlößchen, in Steinen, Liel oder Schliengen z. B., in Inzlingen blieb noch der Weiher um das Schloß erhalten. Zauberhaft liegt das Rokokoschloß Bürgeln auf einer Anhöhe, ehemals eine Propstei von St. Blasien. Die Abtei schätzte wie andere Klöster die Reblagen im Markgräflerland. Als mächtigste Burgruine – eine der schönsten im ganzen Badnerland – krönt Rötteln eine Bergkante am südlichen Schwarzwaldrand. Die Burg geht auf die Stauferzeit zurück, ist aber vor allem im Spätmittelalter ausgebaut worden, als die Markgrafen von Hachberg-Sausenberg hier residierten. Von ihnen gelangte Rötteln an die badischen Markgrafen, die Lörrach zum Vorort des Markgräflerlandes machten, das Schloß selbst allerdings nur selten bewohnten. 1678 brannte Rötteln vollständig aus. Die Ruine diente als Steinbruch, bis man sie in den letzten Jahrzehnten zu sanieren begann.

Die Markgrafen von Baden, die im 16. Jahrhundert zeitweilig in Sulzburg residierten, waren keineswegs Herren im gesamten Markgräflerland. Da gab es

Hoheitsgebiete des Bischofs von Basel, z. B. in und um Schliengen, Orte, die zu Vorderösterreich gehörten, wie Neuenburg, und Klostereigentum von St. Trudpert oder St. Blasien. Ein eigenes Reichsfürstentum im »Miniformat« regierte der Großprior des Malteserordens auf seinem Schloß in Heitersheim. Die bunte historische Vielfalt wurde 1806 beendet, als alle Herrschaftsgebiete im badischen Großherzogtum aufgingen.

Das Wort »Baden« weist im Markgräflerland nicht auf eine Verbindung zur Dynastie der Landesherren hin. Badenweiler z. B. wurde erst 1503 badisch und gehörte früher einmal Heinrich dem Löwen und dann den Staufern. Es hat seinen Namen ebenso wie Baden-Baden von den römischen Thermen, die hier im 1. Jahrhundert n. Chr. gebaut wurden. Heiße Quellen gibt es am Oberrhein noch mehr. Das hängt mit der unruhigen Verwerfungszone im Untergrund des Oberrheingrabens zusammen. Und so hat das Markgräflerland außer Badenweiler weitere Thermalbäder: Bad Krozingen zählt dazu und vor allem Bad Bellingen, das jüngste der Bäder. Kleinere Bäder sind eingegangen. In Liel z. B. wird im »Schloßbrunnen« nur noch Mineralwasser gewonnen. Geblieben ist indes die Anziehungskraft der Region für den Fremdenverkehr. Er wird durch Hotels und Restaurants in allen Preislagen kräftig gefördert.

Das Markgräflerland ist freilich auch seit der Frühindustrialisierung ein »Webland«. Das Textilgewerbe hat sich, von Schweizer Unternehmern angestoßen, aus Heimarbeit und ersten Manufakturen im 18. Jahrhundert weiterentwickelt bis heute. Die Firma KBC in Lörrach hat, zeitweise führend auf diesem Gebiet, den Weltmarkt mit Baumwolldrucken beliefert. Baumwollspinnereien und -webereien überzogen das ganze Wiesental. Noch liegt die Textilbranche mit rund 20 Prozent der Beschäftigten an dritter Stelle in der Wirtschaftsstatistik. Nahrungsmittelbetriebe, wie Suchard in Lörrach, oder Maschinenbaufirmen, chemische Betriebe und das Handwerk sind weitere Wirtschaftszweige, in denen Menschen hier ihr Auskommen finden. Tausende pendeln auch als Grenzgänger zur Arbeit in die Schweiz, nach Basel oder ins Baselbiet.

The Markgräflerland and Wiesental

The Markgräflerland, is so named due to its affiliation with the Margravate of Baden. It stretches from Müllheim and Badenweiler to Lörrach, from the Rhine over the Black Forest's western ridge into the Wiesental Valley and to Schopfheim. The landscape offers great variety, but with gradual transitions. It is particularly mild in the foothills, where vines, orchards and meadows beat a pleasant path up towards the slopes with almost unnoticeable changes in the landscape.

As elsewhere, nature in this delightful landscape is under the threat of ecological damage. Just recently, farmers and wine growers have taken steps to prevent oversalting of the earth caused by excessive fertilization and to put a stop to onesided monocultures. Winegrowing in the Margrave Land is also heavily determined by ecological principles. The most widely grown grape here is the Gutedel, which produces a particularly light and sweet wine.

René Schickele, poet of the Franco-German entente, referred to the Markgräflerland as "Germany's Tuscany". The region was always appreciated by artists and literary figures, too, such as Annette Kolb or William Hausenstein. Even Anton Tchechov spent time on a health cure in Badenweiler.

The most significant castle ruins are in Rötteln near Lörrach, the former main residence in the southern margravate. In recent decades, the castle has been carefully restored. Other old manor houses are to be found in Steinen, Liel, Schliengen or Inzlingen. The Rococo Bürgeln Castle is particularly impressive. It was formerly a provost's residence for the St. Blasien monastery.

You can visit the remains of a Roman thermal baths in Badenweiler. The modern thermal baths are situated nearby. Thermal baths with extensive health cure installations have also been built in Bad Krozingen and Bad Bellingen. Apart from tourism, trade and industry, especially textiles, are also very significant in the Markgräflerland.

Markgräflerland et Wiesental

«Pays des margraves», le Markgräflerland tient son nom du margravage de Bade auquel il appartenait. Il s'étend depuis Müllheim et Badenweiler au sud jusqu'à Lörrach, depuis le Rhin en passant par la crête occidentale de la Forêt-Noire jusqu'à la vallée du Wiesental et à Schopfheim. Les divergences du paysage sont évidents, mais ils ne sont pas extrêmes, son climat est particulièrement doux dans l'avant-montagne où des vignes, des prés fruitiers et des champs alternant montent les pentes.

Ici comme ailleurs la nature du paysage gracieux est menacée par les incidences sur l'environnement. Récemment les exploiteurs agricoles et les vignerons ont pris des mesures pour mettre fin à l'ensalement du sol par trop d'engrais et à la monoculture mal équilibrée. Les principes de l'écologie déterminent aussi largement l'exploitation de la vigne au Markgräflerland. Parmi les sortes cultivées, le Gutedel, un vin particulièrement gouleyant, tient la plus grosse part.

René Schickele, poète de la compréhension franco-allemande, appelle le Markgräflerland la «Toscane» de l'Allemagne. La région a toujours été appréciée par les artistes et les gens de lettres, comme p. e. par Annette Kolb et Wilhelm Hausenstein. Même Anton Tschechow fit sa cure thermale à Badenweiler.

La ruine du château fort de Rötteln près de Lörrach, ancien lieu principal au sud du margravage, est la plus importante. On l'a scrupuleusement rédressée pendant les dernières décennies. Steinen, Liel, Schliengen et Inzlingen invitent également à la visite de leurs résidences seigneuriales. Le château rococo de Bürgeln, un ancien prieuré du monastère de St. Blasien, vous fera bien de l'effet. A Badenweiler on peut visiter les restes des thermes romaines. Les bains modernes sont tout proches. Bad Krozingen et Bad Bellingen sont également devenues des villes importantes de bains, où la gamme des possibilités de cure est bien étendue.

A côté du tourisme, l'industrie – textile avant tout – et les arts et métiers jouent un rôle décisif au Markgräflerland.

31 Badenweiler. Der Kurort liegt eingebettet in eine reizvolle Landschaft. Weitläufige Parkanlagen reichen in die Stadt hinein, die sich nach Süden und Westen zu den Weinbergen und Obstwiesen hin öffnet. Ostwärts steigen die bewaldeten Hänge zum Blauen hin an. Schon die Römer nutzten die warmen Quellen hier; die Badenweiler Thermen sind die größte Anlage aus dieser Zeit in Deutschland.

31 Badenweiler. Rambling park grounds reach right into the spa town which opens out to vineyards and orchards in the south and west. To the east the slopes climb upwards towards the sky. The warm springs were used by the Romans and the roman thermals are the largest baths from this period in the whole of Germany.

31 Badenweiler. Entourée de grands parcs à promenade, la ville de cure s'ouvre au sud et à l'ouest sur les vignes et vergers. A l'est on monte les pentes boisées du Blauen. Les sources chaudes ont fait naître les thermes les plus grandes de l'Allemagne qui soient d'origine romaine.

49

32 Belchen von Süden. Mit 1414 Metern ist der Belchen die dritthöchste Erhebung des Schwarzwalds. Er wird seiner harmonischen Formen wegen oft als der schönste Berg der Region bezeichnet. Seinen Namen hat er von den Kelten. Einzelhöfe mit deutlich abgegrenzten Hoffluren prägen das Landschaftsbild. Vorherrschend ist die Feld-Gras-Wirtschaft.

32 Belchen from the South. At 1414 metres, Belchen is the third highest elevation in the Black Forest. Its harmonious forms have earned it the title of the most beautiful mountain in the region. Isolated farms with clearly distinguished open fields characterise the landscape scenery. Field-grass cultivation is the dominant method employed here.

32 Le Belchen vu du sud. De ses 1414 mètres le troisième en altitude parmi les sommets de la Forêt-Noire, le Belchen passe pour le plus beau de la région. L'aspect du paysage aux champs et prés à tour de rôle, est caractérisé par les fermes singulières dont le territoire est nettement délimité.

33 Bei Britzingen. Die »Badische Weinstraße« schlängelt sich durch die Markgräfler Vorbergzone, eine landschaftlich besonders schöne Gegend. Weinberge und Streuobstwiesen reichen bis an die Dörfer heran, die ein gepflegtes Ortsbild zeigen. Die vom Klima begünstigte Region ist durch ein dichtes Netz von Wander- und Radwanderwegen vorzüglich erschlossen.

33 Near Britzingen. The "Baden Wine Route" winds its way through the enticing margravian outliers. Vineyards and orchard meadows reach right up to the exteriors of the well-kept villages. This region with its pleasant climate offers countless exceptionally well developed footpaths and cycling routes.

33 Près de Britzingen. La «route badoise du vin» serpente à travers l'avant-montagne charmante du Markgräfler Land où les villages sont entourés de vignes et prés-vergers. La région favorisée par le climat dispose de nombreux parcours pour les randonneurs et les cyclistes.

34 Weil, Vitra-Museum. Die Firma Vitra Design ließ im Jahr 1981 ein modernes Ensemble von Produktions- und Verwaltungsbauten von international renommierten Architekten erstellen. Der Kalifornier Frank O. Gehry schuf 1988/89 das Museum im Stil des Dekonstruktivismus: ein Gebäude von beschwingter Offenheit. Hier werden Stühle und Möbel in modernem Design gezeigt.

34 Weil, Vitra Museum. The company Vitra Design arranged for several buildings to be constructed by internationally renowned architects in 1981. Frank O. Gehry from California designed the museum in the deconstructionist style in 1988/89: a vibrantly open building exhibiting modern chair and furniture designs.

34 Weil, musée Vitra. En 1981, l'entreprise Vitra Design a fait construire des locaux modernes, réalisés par des architectes de renommée mondiale. Frank O. Gehry, déconstructiviste californien, a prêté son style au musée datant de 1988/89 qui expose des meubles de design moderne.

35 Schopfheim. Die alte badische Markgrafen-stadt liegt am Eingang zum Südschwarzwald. Die Stadt wurde um 1250 gegründet. Von den mittel-alterlichen Mauern blieb wenig erhalten. Dagegen besitzt der vorbildlich sanierte und restaurierte Stadtkern schöne Gebäude aus der Barockzeit sowie einen klassizistischen Rathausbau.

35 Schopfheim. The old Baden margravian town of Schopfheim is situated at the entrance to the southern Black Forest. The town was founded in 1250. Little remains of its medieval walls. On the other hand, the town centre has been restored in exemplary fashion and is characterised by beautiful Baroque buildings and a town hall in the classical style.

35 Schopfheim. L'ancienne ville des margraves de Bade fondée en 1250 se trouve à l'entrée de la Forêt-Noire méridionale. Des murs médiévaux il n'y a plus que quelque reste. Le centre-ville excel-lemment remis en état offre pourtant des beautés baroques et un hôtel de ville classiciste.

36 Rötteln, Burgruine. Noch die Ruine vermittelt eine Vorstellung von der einstigen Weitläufigkeit der Burg am südwestlichen Ausläufer des Schwarzwaldes. Hohe Herren saßen hier, wo der Blick vom Bergfried über das ganze »Dreiländereck« reicht. Die Burg wurde 1678 zerstört und seitdem nicht wieder aufgebaut; die Ruine wird jedoch sorgfältig instandgehalten.

36 Rötteln, Castle Ruins. The ruins still convey an impression of the former sprawling nature of the castle. The view from the Bergfried stretches over the whole "Dreiländereck" or meeting point of three lands. The castle was destroyed in 1678 and has not been restored since although the ruins are now carefully preserved.

36 Rötteln, château fort. Bien que tombé en ruines, il présente encore l'aspect d'ancienne grandeur. Détruit en 1678, il ne fut jamais redressé, ses ruines sont pourtant bien entretenues. La vue du beffroi porte sur l'entière région «à l'angle de trois pays» (Allemagne, France, Suisse).

Am Hochrhein und im Hotzenwald

Hochrhein heißt der Strom vom Rheinfall bis nach Basel erst seit etwa zwei Generationen; zuvor zählte alles noch zum Oberrhein. Auch die Bezeichnung Hotzenwald ist relativ jung, sie kam erst im 19. Jahrhundert auf. Ob »Hotzen« von dem so genannten rauhen Stoff abgeleitet wurde, aus dem die Hotzenwälder Männerhosen sind, oder ob der Name anders zu deuten ist, ist unter Fachleuten umstritten. Üblicherweise sprach man vom »Wald« und meinte damit das Gebiet etwa vom Schluchsee bis zum Rhein.

Waldshut war und ist der Vorort der Region, »des Waldes Hut«. Seit der Gebietsreform von 1975 umfaßt der Landkreis Waldshut den gesamten Raum vom Wehra- bis zum Wutachtal, vom Rhein bis Bonndorf und St. Blasien. Das Waldshuter Wappen zeigt ein Männlein mit breitkrempigem Hut, der Kopfbedeckung selbstbewußter Bauern, die hier im »Hauenstein« eine halbautonome Selbstverwaltung hatten und ihren eigenen Sprecher (»Redmann«) in die Ständevertretung Vorderösterreichs entsandten. Landesherren waren bis 1806 die Habsburger, deren Stammburg nur 20 Kilometer weit entfernt im Aargau lag. Im Klettgau regierten, bevor alles badisch wurde, die Schwarzenberger, im Wutachtal die Fürstenberger, in Bonndorf die Reichsäbte von St. Blasien. Überall erinnern Burgen wie der Hohenlupfen, Burgruinen wie die Küssaburg oder Schlösser wie die zu Tiengen und in Bonndorf an die fürstherrschaftliche Vergangenheit.

Traditionsreich zeigt sich auch das Stadtbild der vier »Waldstädte« am Rhein: Waldshut, inzwischen mit Tiengen zur Kreisstadt vereint, Laufenburg, das mit der schweizerischen Schwester auf der andern Rheinseite eine Art Doppelstadt bildet, Bad Säckingen mit Deutschlands ältester gedeckter Brücke und Rheinfelden, wo vor der Jahrhundertwende das erste Rheinkraftwerk entstand. Jede Stadt hat ihre eigene Geschichte. Die längste hat ohne Zweifel Säckingen, wo Sankt Fridolin schon im 6. Jahrhundert ein Kloster gründete, zu dessen Schutz-

vögten später die Herren von Schönau bestellt wurden. Eine Ursula von Schönau hat sich in einen armen Musikus verliebt, den »Trompeter von Säckingen«; die traurig-schöne Liebesgeschichte der beiden hat Joseph Viktor von Scheffel zu einer Versnovelle verarbeitet, einem wahren Bestseller seiner Zeit.

Besonders bewegt verlief zuweilen die Geschichte von Waldshut, das sich 1468 erfolgreich einer wochenlangen Belagerung durch die Eidgenossen erwehrte, ähnlich wie sich Jahrzehnte zuvor Tiengen bei einem Überfall feindlicher Raubritter verteidigte. Beide Ereignisse werden jedes Jahr mit einem Volksfest in Erinnerung gerufen, mit der Waldshuter Chilbi und dem Tiengener Schwyzertag. Dabei werden stets die guten und engen Beziehungen zur Schweiz bekräftigt, die man gerade am Hochrhein seit jeher pflegt. Mit dem Bau der Eisenbahnbrücke Waldshut 1858 entstand hier der erste Anschluß an das schweizerische Bahnnetz, gleichsam »die Pforte in die Schweiz und nach Italien«; erst viel später übernahm Basel diese Funktion. Und um noch ein anderes Beispiel für die gute Nachbarschaft zu erwähnen: Die vier Kirchen in den beiden Städtchen Laufenburg hüben und drüben am Rhein haben ihr Geläute im Klang sorgfältig aufeinander abgestimmt. Ganz eng ist der Austausch auch auf wirtschaftlichem Gebiet, bei der Energieversorgung und im Gesundheitswesen.

Vom Kloster Rheinau, das heute auf Schweizer Boden liegt, ging ein entscheidender Anstoß zur Erschließung des südlichen Schwarzwaldes, des Hotzenwaldes, aus. Aus einer Einsiedelei mit Mönchen, die aus Rheinau kamen, ist in der Zeit vor rund tausend Jahren eine Benediktinerabtei entstanden, St. Blasien. Ihre Mönche haben die Siedler angeleitet und mit ihnen den Wald urbar gemacht. Sie haben Höfe errichtet – manch einer heißt immer noch Klosterhof oder Mönchshof –, und sie haben Dörfer gegründet. Sie haben Kirchen gebaut, Handwerker herangebildet, Kohlmeiler angelegt, Glashütten eingerichtet, den Bergbau in Gang

gebracht. Sie haben die Leute unterstützt bei der Viehhaltung, beim Ackerbau, soweit die karge Natur ihn zuließ, und vor allem bei ihrer Waldwirtschaft. Das Kloster hat dafür von seinen Bauern und Hintersassen Gegenleistungen verlangt, Abgaben und Frondienste.

Als ein Abt Anfang des 18. Jahrhunderts die Hotzenbauern als Leibeigene behandeln wollte, wehrten sich diese und beriefen sich auf ihre alten Freiheitsrechte. Ihr Anführer war ein Salpetersieder, d. h. einer, der das weiße Salz von den Stallwänden und Dungstätten sammelte. Nach ihm nannten sich fortan die Widerständler, die nun über Jahrzehnte hinweg mit der Obrigkeit stritten, »Salpeterer«. Am Ende ordnete die Regierung die Verbannung der Rädelsführer mit ihren Familien an: 112 Salpeterer mußten 1755 ins Banat im heutigen Rumänien ziehen. Ihre Nachfahren haben dort die heimische Sprache (und Tüchtigkeit) bis heute bewahrt. Die Hotzenwälder wurden in den 60er Jahren als Freiheitshelden der deutschen Geschichte wiederentdeckt, zusammen mit den Bauern aus dem Wutachtal, die 1524/25 den großen Bauernkrieg ausgelöst hatten.

Die Abtei St. Blasien aber gewann in der Zeit um 1770 neue Berühmtheit durch den Bau der großartigen Klosteranlage mit dem gewaltigen Dom, den viele Zeitgenossen für die schönste Kirche im damaligen Deutschland hielten. Die mächtige Kuppel ist weithin zu sehen. Sie überwölbt den ersten klassizistischen Kirchenbau Deutschlands und bezeugt die Modernität des damaligen Abtes Martin Gerbert. Ihm verdankt die Region auch die erste Sparkasse, das erste Krankenhaus und eine Brauerei, aus der bis heute das vorzügliche Rothaus-Bier kommt.

Die Bewohner des Hotzenwaldes waren zwar freiheitsbewußt, aber arm. Die Realteilung zersplitterte die Parzellen, der karge Boden konnte die vielköpfigen Familien kaum ernähren. Das zwang viele zur Auswanderung, andere zum Nebenerwerb durch Heimarbeit, vor allem zum häuslichen Spinnen und Weben. In manchen Orten, vor allem in Bernau, hat man sich auf das »Schnefeln« verlegt, d. h. die Herstellung von Geräten und Gefäßen aus Holz: Schöpfkellen und Mausefallen, Waschzubern, Melkeimern und ähnlichem. Heute ist aus dem Holzgewerbe dort eine erfolgreiche Möbelindustrie hervorgegangen. Die Tradition der bäuerlichen und hausindustriellen Arbeit wird in regionalen Museen wie im Resenhof oder im Klausenhof eindrucksvoll dokumentiert.

Längst ist die moderne Zeit im Südschwarzwald eingezogen. Straßen erschließen die Täler und Höhen bis hinauf zum »Dorf am Himmel«, dem über 1000 Meter hoch gelegenen Höchenschwand, wo wie in vielen anderen Orten der Fremdenverkehr und das Gastgewerbe dominieren. Auch der Ausbau der Energienutzung durch das Schluchseewerk, das 1928/32 das größte Stromspeicherwerk Deutschlands schuf, hat die Modernisierung hier vorangebracht. Daß inzwischen der Kühlturm des schweizerischen Atomkraftwerks Leibstadt am Hochrhein einen gewaltigen Wolkenpilz über dem Tal bis zum Hotzenwald aufsteigen läßt, gehört allerdings zu den Kehrseiten des Fortschritts.

Immerhin besitzt die Landschaft in diesem Raum aber noch wundervolle Naturparadiese wie die Wutachschlucht, die Täler der Alb und der Schlücht, die einsamen Höhen des »Waldes« und die verträumten Wiesentäler, die der »Schwarzwaldmaler« Hans Thoma (geboren in Bernau) im vorigen Jahrhundert schon ein wenig nostalgisch in seinen Bildern festgehalten hat.

The Upper Rhine and the Hotzen Forest

The section of the Rhine between Rheinfall and Basel is referred to as the Upper Rhine. This is a relatively new name and the expression was coined as recently as the 19th Century. The region's capital is Waldshut. Since 1975, the district of Waldshut includes the whole area between the Wehratal Valley and the Wutachtal Valley and from Bonndorf to St. Blasien. Before the founding of Baden, the whole region belonged to the Habsburgs, whose ancestral castle was nearby. They also founded the "forest towns" of Waldshut, Laufenburg, Säckingen and Rheinfelden, which are all rich in tradition.

Most significant with regard to monasteries in the southern part of the Black Forest and the Hotzenwald Forest, was the founding of St. Blasien approximately one thousand years ago. The monks led by example and encouraged settlers to make efficient use of the woodland. They built model farms, founded villages and were generally very productive. In return for this, the farmers were expected to pay taxes and do socage. When, after 1700, the abbots of St. Blasien increased their demands, the inhabitants of the Hotzenwald Forest rebelled. It was decades later that the revolt was eventually suppressed, after the ringleaders had been banished to Banat (in present day Romania).

The monastery at St. Blasien achieved great significance in the late 18th Century under Abbot Martin Gerbert. He ordered the construction of a new monastery building, with a classical, domed church. This impressed his contemporaries so much, that they considered it the most beautiful church in Germany. He also set up the first savings bank, the first hospital and a brewery, which still stands today.

Cottage industries were very common in the Hotzenwald Forest until 1900, when the region discovered its tourism potential. The region also became the proud owner of a modern power supply system, the Schluchsee Works. The Black Forest river valleys, which flow southwards towards the Rhine are interesting walking routes. The wildly romantic Wutachschlucht Gorge is especially beautiful.

La région du Haut Rhin et la forêt du Hotzenwald

La partie du Rhin qui va de sa Chute jusqu'à Bâle est appelée «Haut Rhin», dénomination récente de même que celle du Hotzenwald, d'origine douteuse, qui ne date que du 19e siècle. Jusqu'à ce que le Bade soit constituè, cette région appartenait aux Habsbourgeois dont le château fort d'origine n'était pas loin. C'est eux qui fondèrent les villes «en forêt» Waldshut, Laufenburg, Säckingen et Rheinfelden, villes de grande tradition.

La fondation d'un monastère la plus importante au Sud de la Forêt-Noire, donc au Hotzenwald, est celle de Saint Blaise il y a environ mille ans. Ce sont les moines qui ont travaillé à l'aménagement des bois jusqu'alors incolonisés, ils ont instruit les colons, installé des fermes modèles, fondé des villages, construit des églises et beaucoup plus. Les paysans de leur part devaient leur payer des taxes et faire des corvées. Pourtant, lorsque les prieurs de Saint Blaise en exigèrent toujours plus après 1700, les habitants du Hotzenwald s'y opposèrent. Leur révolte ne put être réprimée qu'après plusieurs dizaines d'années, du moment que les boutefeus et leurs familles furent déportés au Banat, aujourd'hui situé en Roumanie.

L'abbaye de Saint Blaise prit son plus grand essor au dernier tiers du 18e siècle, sous la conduite du prieur Martin Gerbert. Il fit renouveler la construction de l'abbaye en l'embellissant d'une église à coupole suivant le style du classicisme qui déjà pour les contemporains passait pour l'église la plus belle de l'Allemagne.

C'est lui aussi qui établit la première caisse d'épargne, le premier hôpital et une brasserie, le «Rothaus» qui travaille toujours. A la forêt du Hotzenwald beaucoup de gens gagnèrent leur vie en travaillant à façon jusqu'à ce que, vers 1900, la région soit réorganisée en vue du tourisme à venir. Par la centrale du Schluchsee, la région a obtenu une alimentation en énergie moderne. Les vallées des rivières de Forêt-Noire qui s'en vont vers le sud pour déboucher dans le Rhin, offrent des parcours intéressants à randonnées, ce sont les gorges de la Wutach qui comptent parmi les plus pittoresques.

37 Waldshut. Die Habsburger gründeten die Stadt um 1250, um die Herrschaft über den Hotzenwald zu sichern. Waldshut besitzt eine zentrale Marktstraße, die Kaiserstraße, mit schönen Zunft- und Gasthäusern, mit Toren und Brunnen. Zum Andenken an die erfolgreiche Abwehr einer Belagerung im Jahr 1468 feiert man jedes Jahr das »Chilbi-Fest«.

37 Waldshut. The Habsburgs founded the town around 1250. Waldshut possesses a market street, the Kaiserstraße, with beautiful guild and guest houses, gates and fountains. The Waldshut "Chilbi-Fest" is celebrated every summer to commemorate the successful beating off of a siege in 1468.

37 Waldshut. Waldshut, fondé vers 1250 par les Habsbourgeois possède une rue commerciale centrale, la «rue de l'Empereur» qui est bordée de belles tavernes et maisons des anciens métiers, de portes et fontaines. Tous les étés, la fête du Chilbi rappelle la victoire que la ville assiégée a remportée en 1468.

38 Bad Säckingen. Schon im Jahr 522 soll Sankt Fridolin hier eine Zelle gegründet haben, aus der sich dann ein bedeutendes Kloster entwickelte. Es bestand als Damenstift bis 1806. Die ehemalige Klosterkirche, das Münster St. Fridolin, ist ein gotischer Bau mit reicher Barockausstattung. Die gedeckte Holzbrücke von 1570 ist mit 204 Metern die längste in Deutschland.

38 Bad Säckingen. St. Fridolin is said to have founded a cell here as early as 522 from which an important monastery later grew up. The monastery existed until 1806. St. Fridolin Cathedral is a Gothic construction with rich Baroque furnishings. The covered wooden bridge, built in 1570, is 204 metres long and thus the longest in Germany.

38 Bad Säckingen. Le Saint Fridolin venu en 522 y a fondé un premier petit cloître. Devenu monastère important pendant les siècles suivants, il fut sécularisé en 1806. La cathédrale consacrée au saint est une construction gothique richement ornée d'éléments baroques. D'une longeur de 204 mètres, le pont couvert datant de 1570 est le pont en bois le plus long de l'Allemagne.

39 St. Blasien. Majestätisch ragt die Kirche der ehemaligen Benediktinerabtei, Europas drittgrößte Kuppelkirche, über den Kurort im Albtal. Sie zeigt die überregionale Bedeutung, die das Kloster Ende des 18. Jahrhunderts besaß, als die Kirche erbaut wurde. Rund 130 Jahre nach der Aufhebung des Klosters übernahmen die Jesuiten 1934 die Gebäude. Seitdem führen sie hier ein Kolleg.

39 St. Blasien. The church of the former Benedictine abbey is Europe's third largest domed church and is a demonstration of the importance enjoyed by the monastery at the end of the 18th century when the church was built. In 1934, about 130 years after the dissolution of the monastery, the Jesuits assumed control of the buildings and have been running a college here ever since.

39 St. Blasien. L'église de l'ancienne abbaye bénédictine de St Blaise, construite à la fin du 18e siècle et troisième en grandeur des églises à coupole de l'Europe, témoigne de l'importance du monastère rayonnant bien au delà des confins de la Forêt-Noire.

40 Todtmoos. Die Gegend um das »tote Moos« (= Moor) war einst eine abgelegene Waldregion. Schon im Mittelalter entstand jedoch eine beliebte Wallfahrt zu der 1255 errichteten Marienkapelle. Sie kam unter die Obhut des Klosters St. Blasien, das eine barocke Kirche erbauen ließ. Heute ist Todtmoos ein beliebter Höhenluftkurort.

40 Todtmoos. The area around the "tote Moos" (= moor) was once an isolated forest region. As early as the Middle Ages, a popular pilgrimage took place to the Chapel of the Virgin Mary which was built in 1255. The chapel came under the keeping of St. Blasien Monastery which subsequently built a Baroque church. Todtmoos is a popular mountain air health resort.

40 Todtmoos. La région boisée des «fanges mortes» était située bien à l'écart. Nombre de pèlerins du Moyen âge fréquentaient pourtant la chapelle de Ste Marie qu'on y a fondée en 1255. Passée en propriété de St Blaise, l'abbaye la fit agrandir en église baroque. Aujourd'hui Todtmoos est devenu un centre de cure en altitude beaucoup apprécié.

41 Im Wiesental. Typisch für das Landschaftsbild im Schwarzwald ist, wie hier im Tal der Wiese bei Utzenfeld, der Wechsel zwischen Wald- und Wiesenflächen, zwischen Höhenzügen und langgestreckten Talhängen. Die bäuerliche Bevölkerung hat den einst geschlossenen Urwald gerodet, besiedelt und kultiviert. So wurde die Urlandschaft zu einer Kulturlandschaft.

41 Wiesental. The alternation of forest and meadow areas, of mountain ranges and long valley slopes seen here in the "valley of meadows" (near Utzenfeld) is typical of the Black Forest landscape. The rural population has cleared, settled and cultivated the original, previously unified forest.

41 Vallée de la Wiese. L'alternance de bois et prés, de hauteurs montagneuses et de vallées à longue étendue, est typique pour l'aspect du paysage de Forêt-Noire. La population agraire s'installant dans les forêts denses et renfermées à l'origine, les a essartées et cultivées.

43 Tiengen. Tiengen bildet seit 1975 mit Waldshut zusammen eine Doppelstadt, behielt jedoch seinen eigenständigen Charakter. Es war ehemals Zentrum des Klettgaus und Sitz der Grafen von Sulz, die das Schloß im 17. Jahrhundert errichteten. Später gehörte es den Schwarzenbergern. Die barocke Kirche schuf Peter Thumb in den Jahren 1753/54.

43 Tiengen. Since 1975, Tiengen and Waldshut form a joint town – Tiengen has retained its original character, however. The town used to be the centre of the Klettgau region and the seat of the Duke of Sulz who built the castle in the 17th century which later passed to the Schwarzenbergers. The Baroque church was constructed by Peter Thumb in 1753/54.

43 Tiengen. Depuis 1975, Tiengen et Waldshut forment une ville double. Tiengen était le centre du pays du Klettgau et siège des comtes du Sulz qui firent construire le château au 17e siècle. Plus tard la ville appartenait aux Schwarzenberg. L'église baroque datant de 1753/54 est l'œuvre de Pierre Thumb.

▷ **42 Bei Niederwihl im Hotzenwald.** Rauh ist das Klima auf den Höhen des südlichen Schwarzwalds, den man seit dem 19. Jahrhundert auch »Hotzenwald« nennt. Auf flach gewölbten Kuppen liegen kleine Dörfer. Über den Nebeldunst hinweg hat man bei Inversionslagen einen weiten Blick zur Schweiz hinüber bis zur Alpenkette.

42 Near Niederwihl in the Hotzen Forest. The mountain climate is harsh in the southern Black Forest which, since the 19th century, is also called the "Hotzen Forest". Small villages can be found on the gently rounded hilltops. Above the low mist and layers of atmospheric inversion, distant views of Switzerland and the alpine chain can be enjoyed.

42 Près de Niederwihl au Hotzenwald. Le climat des hauteurs de la Forêt-Noire méridionale, appelée Hotzenwald depuis le 19e siècle, est loin d'être doux. De petits villages occupent les sommets peu voûtés. Lorsque le temps s'y prête, l'on a pourtant une vue merveilleuse portant jusqu'aux Alpes suisses.

44 Wutachschlucht. Die Schlucht gehört zu den außergewöhnlichen Naturparadiesen der Region. Biologen suchen sie auf, weil sie eine besonders reiche Flora und Fauna besitzt; 1200 Pflanzenarten und 590 Schmetterlingsformen hat man hier gezählt. Geologen studieren den einst zur Donau führenden Flußlauf, der jetzt im Rhein endet.

44 Wutachschlucht. The schlucht (gorge) is one of the region's most extraordinary natural paradises. Biologists visit the gorge because of its unusually rich flora and fauna (1200 species of plant and 590 types of butterfly). Geologists study the course of the river which used to flow to the Danube but which now runs into the Rhine.

44 Gorges de la Wutach. Elles figurent parmis les paradis naturels de la région. Les biologues s'y rendant pour la richesse extraordinaire de flore et faune, ont compté 1200 plantes différentes et 590 formes de papillons. Les géologues étudient le fleuve qui a changé de cours; jadis menant au Danube, il va alors vers le Rhin.

Im Hegau und am Bodensee

Der Hegau sieht von der Ferne aus, als hätten riesige Maulwürfe darin gehaust. »Des Herrgotts Kegelspiel« hat Joseph Viktor von Scheffel den Hegau einmal genannt. Es nimmt einen nicht wunder, daß in der Region zwischen Randen und dem Bodensee Geologen aus aller Welt der Frage nachgehen, wie diese Landschaft entstanden ist. Ein kleiner Blick auf die Erdgeschichte erinnert daran, daß vor 200 bis 150 Millionen Jahren Europa weithin vom Meer bedeckt war; zurück blieb davon die Molasse im Bodenseeraum. Dann hat sich im Tertiär vor etwa 70 Millionen Jahren die Erdkruste so zu falten begonnen, daß die Alpen hervorgestülpt wurden – ein Prozeß, der Millionen Jahre anhielt. Eine Mulde für den späteren Bodensee konnte entstehen, und wie schon beim Kaiserstuhl gab der zerborstene Untergrund auch im Hegau dem Magma Wege frei; es bildeten sich Vulkane, aus denen über Jahrmillionen hinweg flüssiger Basalt und anderes Gestein hervortraten. Doch erst während der Eiszeiten – einer erdgeschichtlichen Periode, in der man nicht mehr nach Millionen, sondern nur noch nach hundert- oder zehntausend Jahren rechnet – haben Gletscher und Schottermassen die heutige Form der Hegaukegel, der Bodenseelandschaft und der Gewässerläufe zustandegebracht.

Der Hegau hat fast ein Dutzend markanter Erhebungen vulkanischen Ursprungs. Der höchste ist der Hohenhewen. Von ihm hat die Landschaft wohl ihren Namen (keltisch »Hewen« = Berg, Höhe). Viele Hegaukegel tragen Burgruinen, auf denen einst die Ritter hausten: der Hohenkrähen (mit der Sagengestalt des »Poppele«), der Mägdeberg, der Hewen und vor allem der Hohentwiel. Dort stand die mächtigste Burg, Sitz der schwäbischen Herzöge im 10. Jahrhundert, später (seit 1538) im Besitz der Herzöge von Württemberg, die ihre Staatsgefangenen dort einsperrten, u. a. auch den »Vater des deutschen Staatsrechts« J. J. Moser. Die Württemberger wollten die Burg um keinen Preis dem badischen Staat aushändigen, obwohl sie Napoleon bereits 1800 hatte schleifen lassen. So blieb denn die größte deutsche Festungsruine bis 1969 württembergisch.

Zu Füßen des Hohentwiel entwickelte sich das Dörfchen Singen zur Zeit der Hochindustrialisierung mit rasantem Tempo; in einem halben Jahrhundert wuchs die Einwohnerzahl der Stadt um das 25fache. Dagegen fielen andere, viel ältere Hegaustädtchen in Dornröschenschlaf. Einst konnte man singen »Engen, Tengen, Blumenfeld – sind die schönsten Städt' der Welt«. Für die beiden letztgenannten galt zumindest, daß es die kleinsten im Alten Reich waren. Inzwischen gilt, was der Volksmund schon immer wußte: »Doch wäre Engen nicht dabei, so wär' es nichts mit allen drei.« In der Tat hat sich Engen durch die moderne Stadtsanierung einen der schönsten Altstadtkerne im ganzen Südwesten wiedergeschenkt und zeigt damit etwas von seiner früheren Rolle als Vorort im Hegau. Auch Radolfzell, Aach und Stockach sind sehenswerte Hegaustädte mit wertvollen Kunstschätzen in ihren Kirchen und viel historischem Traditionsgut, wie z. B. der Stockacher Fasnacht. Zum Untersee hin mündet der Hegau in die Höri mit der Halbinsel Mettnau. So gut sei dem Herrgott dieser Landstrich bei der Schöpfung gelungen, daß er danach erklärt haben soll (in gutem Alemannisch): »Jetzt hör i uf!« (übersetzt: »Jetzt ist genug getan!«). Nach Südosten geht der Hegau in den Bodanrück mit dem stillen Mindelsee über.

Die alte karolingische Kaiserpfalz Bodman am östlichen Steilufer des Bodanrücks hat dem Bodensee vermutlich den Namen gegeben. Die Römer nannten ihn noch »lacus venetus«, und im Französischen heißt er »lac de Constance«. Ihn als »Schwäbisches Meer« zu bezeichnen, ist etwas kühn, falls man dabei nicht an das mittelalterliche Herzogtum Schwaben denkt, das einmal in Überlingen ein Zentrum hatte. Seiner Ausdehnung nach ist der Bodensee der drittgrößte Binnensee Europas, nur wenig kleiner als der Genfer See. Er faßt bei mittlerem Pegelstand rund 50 Mrd. Liter Wasser. Etwa ein Drittel des Bodenseewassers wird jährlich durch seine Zu- und Abflüsse ausgetauscht; dabei kommen fast drei Viertel des Flußwassers vom Alpenrhein. Dessen Wassertemperatur kühlt den See ständig und sorgt für seine Strömung. Das gesamte Wasserbecken des Bodensees wirkt im übrigen wie ein riesiger Klimaspeicher, der für ein ausgeglichenes Kleinklima sorgt, am ganzen Ufer entlang und insbesondere auf den Inseln.

Das ist der Grund, weshalb an den Uferhängen Wein und Obst vorzüglich gedeihen, alles auch noch begünstigt vom warmen Föhn. Früher wurden hier und im Hinterland viel Flachs und Getreide angebaut, Hopfen gibt es auch heute noch. Der Handel ging zunächst über das Wasser, daher haben die Städte am See ihre Häfen und Kornspeicher. Auf der Insel Mainau bringt das milde Klima eine schier subtropische Pflanzen- und Blütenpracht hervor. Und die Gemüsegärtner der Reichenau können bei guten Böden und günstiger Witterung dreimal im Jahr mit einer Ernte rechnen. Haben die Gründer des Inselklosters auf der »Reichen Au« – Sankt Pirmin und sein Gefolge – im Jahr 724 schon etwas davon geahnt? Schon im 9. Jahrhundert jedenfalls erreichte die Abtei ihr erstes »goldenes Zeitalter« mit Männern wie Walahfrid Strabo, dem Verfasser der ersten deutschen Pflanzenkunde, oder ein Jahrhundert später mit Hermann dem Lahmen, einem universalen Genie. Das Münster in Mittelzell und die St.-Georgs-Kirche in Oberzell mit ihren Wandfresken aus der Zeit um die Jahrtausendwende bezeugen ebenso wie die Handschriften der ehemaligen Klosterbibliothek den internationalen Rang der Abtei. Der weitgestreute Besitz des Klosters Reichenau reichte von Como bis Pforzheim.

Konstanz war zuerst ein Römerkastell; aus spätantiker Zeit stammt der Name der Stadt. Seit dem 6. Jahrhundert war hier ein Bischofssitz. Unter Bischof Konrad wurde Konstanz dann im 10. Jahrhundert zu einem zweiten Rom ausgebaut mit einem halben Dutzend Kirchen. Für den Transithandel über die Alpenpässe wie auch für die Pilger nach Santiago war es eine wichtige Hafenstadt. Weltberühmt wurde Konstanz, als hier von 1414 bis 1418 das Konzil stattfand und die Stadt dreimal so viel Gäste unterzubringen hatte, wie sie selbst Einwohner besaß. Sie war im Spätmittelalter auch Zentrum des Leinwandhandels zusammen mit Ravensburg. Die Stadt wurde dann während der Reformation vom Bischof unabhängig, der seitdem in Meersburg residierte. Schließlich wurde Konstanz im 19. und 20. Jahrhundert eine wirtschaftliche und kulturelle Metropole für den gesamten Bodenseeraum, nicht zuletzt dank der 1966 dort gegründeten Universität.

Schiffe der Bodenseeflotte oder die Fähre legen die Strecke von Konstanz nach Meersburg in knapp zwanzig Minuten zurück. Von der Unterstadt mit Kornhaus und Hafen geht es dort steil hinauf zur Oberstadt mit Kirche und Burg. Ob der mächtige Dagobertsturm in die Merowingerzeit zurückreicht, mag man bezweifeln. Aber echt mittelalterlich ist die Anlage auf jeden Fall. Anders dagegen die barocken Fassaden des Neuen Schlosses und des ehemaligen Priesterseminars; sie sind von den Konstanzer Bischöfen im 18. Jahrhundert erbaut worden. Die geistlichen Herren haben rund 300 Jahre lang bis zur Auflösung des Bistums 1821 hier residiert.

Nach Nordwesten blickt man von Meersburg dem grünen Ufer entlang und erkennt auf einem Hügel über dem See wie auf einem Präsentierteller die Birnau, eine Wallfahrtskirche des Klosters Salem, von dem Vorarlberger Architekten Peter Thumb und Bildhauern wie Joseph Anton Feuchtmayer zum Juwel des Rokoko gestaltet.

In der Ferne sieht man Überlingen, eine alte Reichsstadt, wovon das Münster ebenso Zeugnis ablegt wie das Rathaus mit dem spätgotischen Ratssaal, einem der schönsten in Deutschland. Spital und Patrizierhäuser, Hafenanlagen und das ganze Stadtbild mit Mauer, Türmen und Toren lassen den Besucher etwas von den Lebensverhältnissen in alter Zeit nachempfinden.

The Hegau Region and Lake Constance

The Hegau region lies between Lake Constance and Randen. The numerous dome-shaped hills are characteristic of the region's landscape. They are of vulcanic origin and sprouted up at least ten million years ago; however, it was not until the ice age that they were shaped into their present form. There are castle ruins to be found on many of the hills in the Hegau region. The largest of them all was perched upon the Hohentwiel. The castle was the seat of the Swabian dukes during the 10th. Century. Later, the Hohentwiel belonged to the Dukes of Württemberg: it also remained in their hands in 1806, although Napoleon had it razed to the ground.

In terms of area, Lake Constance is the third largest lake in Europe. On average, it contains around fifty billion litres of water. About a third of its water is renewed each year by the inflow and outflow of water, especially from the Rhine. This huge basin acts like a massive climatic storehouse and ensures mild temperatures on its banks and islands. The Mainau region's splendid flowers and plants are famous. The Rheinau region is just as well known for its monastery, rich in culture and founded here in 724 A.D., as it is for its vegetable produce.

The most significant town on Lake Constance is Constance itself. It was founded as "Römerkastell", was made a diocesan town in the late 6th. Century and eventually blossomed into a centre for trade and industry. The great council was held here between 1414 and 1418. The bishop left the town after the reformation in 1526 and resided, since then, in Meersburg. There was already a massive castle standing there from the Middle Ages. In the 18th Century, the bishops built a baroque castle here. From Meersburg, the road leads along the lake, past the splendid pilgrim church at Birnau, to Überlingen, a former free city of the Holy Roman Empire, which boasts a huge minster and a town hall, whose late gothic council chamber is one of the most beautiful in Germany.

Au Hegau et sur le lac de Constance

Le paysage du Hegau qui s'étend entre le lac de Constance et Randen se caractérise par le grand nombre d'altitudes à forme conique. D'origine volcanique, elles se sont formées il y a bien 10 millions d'ans. Ce n'est pourtant que l'époque glaciaire qui leur a donné l'apparence actuelle. Sur beaucoup de sommets au Hegau on voit résider des ruines de châteaux forts dont le plus important s'était trouvé sur le Hohentwiel. Siège des ducs de Souabie pendant le 10e siècle, le château fort du Hohentwiel passa plus tard aux mains des ducs de Wurtemberg qui le possédèrent encore après 1806, bien que Napoléon l'ait pu faire démolir.

Par son étendue, le lac de Constance figure parmi les trois eaux intérieures continentales les plus grandes de l'Europe. Il contient en moyenne environ 50 milliards de litres d'eau, dont un tiers par an est échangé par ses affluents et ses décharges, surtout par le Rhin. Son bassin d'eau a l'effet d'une énorme réserve climatique, causant de températures agréables sur les rives et sur les îles. La splendeur de la flore sur l'île Mainau est célèbre. L'île Reichenau est connue d'une part pour son monastère fondé en 724 qui a développé une culture de niveau élevé, et d'autre part pour les légumes cultivés par ses paysans.

Constance est la ville la plus importante auprès du lac. Fortification romaine à l'origine et siège épiscopal à la fin du 6e siècle, elle devint le centre florissant du commerce et des métiers. Le Grand Concile de 1414–1418 y tint ses assises. En 1526, après la Réforme, l'évêque quitta la ville pour prendre domicile à Meersburg où les évêques du 18e siècle se firent construire une résidence baroque. En partant de Meersburg le long du lac, passant par la magnifique église de pèlerinage de Birnau, on arrive à Überlingen, ancienne ville impériale dotée d'une cathédrale splendide et d'un hôtel de ville dont la salle de conseil datant de l'époque du gothique flamboyant figure parmi les plus belles de l'Allemagne.

45 Hegaublick. Der Hegau steht wegen seiner Einzigartigkeit unter Landschaftsschutz. Die Kegel in der flachen Hügellandschaft sind vulkanischen Ursprungs; sie entstanden vor rund 15 Millionen Jahren. Eisgletscher haben die Vulkankrater und Lavahänge abgeschliffen. Im Mittelalter wurden auf vielen Hegaubergen Burgen errichtet, deren Ruinen noch heute stehen.

45 Lookout Hegaublick. Owing to its unique qualities, the Hegau has been listed as a nature conservancy area. The peak in the gentle hill landscape which developed about 15 million years ago is of volcanic origin. Glaciers have eroded the volcano crater and lava slopes. Numerous castles were built on the Hegau mountains in the Middle Ages and the ruins of many still stand today.

45 Mont du Hegaublick. Unique en son genre, la montagne du Hegau est classée paysage protégé. Les sommets d'origine volcanique se sont formés il y a 15 millions d'ans. Les glaciers dégrossissant les cratères et les pentes laveuses des volcans les ont arrondis.

46 Insel Reichenau. Ein Damm mit einer Straße führt über den flachen Gnadensee vom Festland zur Insel Reichenau. Sie verdankt ihr reiches Kulturerbe den Benediktinermönchen, die in der Karolingerzeit hier eine blühende Abtei schufen. Von den Kirchen- und Klosterbauten ist die Kirche St. Georg in Oberzell die älteste; sie wurde zwischen 900 und 1000 erbaut.

46 Reichenau Island. A causeway and road lead from the mainland to the island of Reichenau. The island's rich cultural inheritance comes from the Benedictine monks who built a flourishing abbey here in the Carolinian period. Among the church and cloister buildings the oldest is the church of St. George Oberzell which was built between 900 and 1000.

46 L'île Reichenau. La route passant par la digue relie la Reichenau à la terre ferme. L'abbaye florissante des Bénédictins venus sur l'île aux temps des Carolingiens lui a laissé un héritage culturel des plus riches. L'église de St Georges à Oberzell, édifiée entre 900 et 1000, est la plus ancienne.

47 Konstanz. Blick auf das Hafengelände: Vorn an der Mole grüßt die »Imperia«, eine moderne Skulptur von Peter Lenk. Das Inselhotel (rechts) war ehemals ein Dominikanerkloster. Neben dem Stadtgarten ragt das mächtige Dach des mittelalterlichen Kauf- und Lagerhauses hervor. Hier tagte von 1414 bis 1418 die große Kirchenversammlung; daher nennt man das Gebäude auch das »Konzil«.

47 Constance. The "Imperia", a modern sculpture by Peter Lenk, offers its greetings from the harbour mole. The exclusive Insel Hotel (right) used to be a Dominican monastery. The imposing roof of the medieval trade and warehouse looms forward near the municipal gardens. The great Ecclesiastical Council was convened here from 1414 to 1418 giving the building its name, "Konzil".

47 Constance. «L'Impéria», sculpture moderne de Peter Lenk, salue les visiteurs du môle. L'Inselhotel, hôtel distingué, réside dans l'ancien monastère dominicain (à droite). A côté des Jardins municipales s'élève le magasin médiéval, dit «Concile» pour avoir logé les représentants de l'Eglise y tenant conseil de 1414 à 1418.

48 *Insel Mainau.* Fast das ganze Jahr über blüht es auf der Mainau, der Bodensee-Insel mit subtropischem Klima. Besonders vielfältig sind die Rosengärten, die sich terrassenförmig vom Schloß nach Südwesten neigen. Das ehemalige Deutschordensschloß mit einer Barockkirche von Bagnato gehört der Familie Bernadotte, die hier ein internationales Kulturprogramm organisiert.

48 *Mainau Island.* The small island of Mainau in Lake Constance with its subtropical climate is in bloom throughout the greater part of the year. The splendour of the rose gardens is particularly diverse. The former castle of the German Order with a Baroque church by Bagnato is the property of the Bernadotte family, organisers of an international cultural programme on the island.

48 *L'île Mainau.* Pendant presque toute l'année, la petite île du lac de Constance au climat subtropical est emplie de fleurs. La splendeur de ses rosiers variés est célèbre. L'ancien château de l'Ordre teutonique avec son église baroque créée par Bagnato appartient à la famille Bernadotte.

49 *Meersburg.* Über dem Seeufer erhebt sich die steile Oberstadt, gekrönt von der alten »Meersburg«, die als mittelalterliche Wehranlage den bedeutenden Hafenplatz sicherte. Das Neue Schloß (1740–51 erbaut) war die Residenz der Fürstbischöfe von Konstanz. Der historisch gewachsene Stadtkern mit seinen sehenswerten Baudenkmälern steht unter Denkmalschutz.

49 *Meersburg.* The steep Oberstadt is crowned by the old "Meersburg", or sea castle, the medieval defences of which served to protect the important harbour. The "New Castle" was built between 1740 and 1751 and was the Baroque palace of the Prince-Bishops of Constance. The historic town centre with its impressive historical monuments is under a preservation order.

49 *Meersburg.* La cité supérieure est culminée du vieux château fort médiéval, le «Meersburg», qui défendait le port important de l'époque. Le «Château nouveau», construit de 1740 à 1751, était la résidence baroque des princes-évêques de Constance. La cité ancienne et son architecture historique sont classées monuments nationaux qui valent bien une visite.

70

51 Birnau. Einmalig ist die Lage der Wallfahrtskirche St. Maria in Birnau auf einer Anhöhe bei Nußdorf. Peter Thumb hat hier die wohl schönste Barockkirche am Bodensee geschaffen und sein Lebenswerk damit gekrönt. Innen ist die Kirche von den Farben und Formen des Rokoko bestimmt; berühmt sind die Engelsfiguren von Joseph A. Feuchtmayer.

51 Birnau. The site of the pilgrimage church Birnau on the heights above Nußdorf is unique. Peter Thumb built what is probably one of the most beautiful Baroque churches on the shores of Lake Constance here, and the crowning piece of his life's work. The interior of the church is characterised by Rococo colours and forms and the famous angel figures by Joseph A. Feuchtmayer.

51 Birnau. La position de la Birnau, l'église de pèlerinage sur une colline près de Nußdorf est unique. C'est Pierre Thumb qui a créé cette église baroque, la plus belle du lac de Constance. A l'intérieur domine le style rococo, les anges de Joseph A. Feuchtmayer sont des figures célèbres.

◁ **50 Uhldingen-Unteruhldingen.** Wer sich auf anschauliche Weise über die Lebenswelt unserer Vorfahren informieren möchte, sollte das Pfahlbau-Museum in Unteruhldingen besuchen. Hier wurden auf der Grundlage archäologischer Grabungen zwei Dörfer aus der Jungsteinzeit und der Bronzezeit rekonstruiert. Die Funde stammen aus der Zeit von 4000 v. Chr. bis 850 v. Chr.

50 Uhldingen-Unteruhldingen. Whoever would like a vivid illustration of the lifestyle of our ancestors should visit the buildings on stilts in Unteruhldingen. Archaeological excavations have led to the reconstruction of two villages from the early Stone Age and Bronze Age on this site. The findings are from the period 4000 to 850 BC.

50 Uhldingen-Unteruhldingen. Pour celui qui s'intéresse de la vie de nos ancêtres, la visite des constructions sur pilotis est indispensable. Deux villages, l'un néolitique et l'autre de l'âge du bronze, ont pu être reconstruits grâce aux fouilles archéologiques. Les objets trouvés datent du temps entre 4000 et 850 avant J.-C.

52 Überlingen. Der Stauferkaiser Friedrich Barbarossa verlieh Überlingen das Stadtrecht. Es behielt seine Reichsfreiheit, bis es 1803 badisch wurde. Aus dem Spätmittelalter stammen das Münster St. Nikolaus und die Franziskanerkirche, einige Patrizierhäuser und Gasthäuser sowie das Rathaus mit der holzvertäfelten Ratsstube, einem Meisterwerk gotischer Schnitzkunst.

52 Überlingen. The Staufer Kaiser Friedrich Barbarossa granted the town its charter. It remained a free city until it passed to Baden in 1803. The Nicholas Cathedral and Franciscan Church, several patrician houses and the town hall and restaurant, a masterpiece of Gothic carving, all originate from the late Middle Ages.

52 Überlingen. C'est l'empereur Frédéric Barberousse qui a accordé à Überlingen les droits de ville libre. Elle devint badoise en 1803. Du Moyen âge tardif datent la cathédrale St Nicholas et l'église franciscaine, quelques hôtels particuliers, de même que la mairie avec sa salle de conseil sculptée par un maître de l'art gothique.

Hochschwarzwald und Baar

Ein neuer Landkreis, den die Gebietsreform in Baden-Württemberg 1973 gebildet hat, faßt den Hochschwarzwald ab Döggingen – Schonach – Gütenbach mit der Baar zusammen. Nun sind Baar und Schwarzwald zwei eher gegensätzliche Landschaften, aber wie so vielerorts in Baden gibt es übergreifende Beziehungen, ein komplementäres Verhältnis zwischen beiden.

Das Gestein, die Natur also, hat Baar und Schwarzwald getrennt. Die Baar hat Kalkboden, hier treibt man Ackerbau. Im angrenzenden Schwarzwald überwiegt der kalkarme Buntsandstein, auf dem kaum Getreide wächst. Außerdem steigt der Hochschwarzwald auf Höhen von fast 1500 Metern an. Die Baar hingegen erstreckt sich als Hochfläche auf einer Höhe zwischen 750 und 850 Metern. Durch die Wiesen und Äcker schlängelt sich die junge Donau, gespeist aus den Schwarzwaldflüßchen Brigach und Breg.

Das Landschaftsbild im Hochschwarzwald ist weithin von Wald und Weiden bestimmt. Traditionell haben Holz- und Viehwirtschaft die Menschen hier ernährt. Einzelhöfe oder Streusiedlungen wie auch sonst auf den Schwarzwaldhöhen und in den Tälern geben diesem Bild die Akzente. Noch weiter als bei den Kinzigtäler oder Dreisamtäler Häusern sind hier die Dächer über den Schwarzwaldhöfen heruntergezogen, bis sie fast die Erde berühren. Unter diesem Dach sind Menschen, Vieh und Vorräte geborgen. Viele Vorräte mögen es jedoch kaum gewesen sein, auch als die Landwirtschaft noch nicht unter EG-Normen und dem schlechten Milchpreis litt. Da diente dann der Wald als »Sparkasse« für den Hof. Doch inzwischen sind auch die Holzpreise soweit gesunken, daß immer mehr Wälderbauern ihren Hof aufgeben oder ihn bestenfalls noch im Nebenerwerb bewirtschaften. Ihren Lebensunterhalt verdienen sie in der Fabrik. Viele haben einen Teil des Hofes umgebaut zu Gästezimmern oder zu einer Ferienwohnung. Kein anderes Förderungsprogramm hat sich bisher wohl für die Schwarzwaldbau-ern als so hilfreich erwiesen wie die »Ferien auf dem Bauernhof«.

Von der Land- und Forstwirtschaft allein konnten hier die meisten schon seit zweihundert Jahren nicht mehr leben. So wurde die Region zum klassischen Nebenerwerbsgebiet. In Triberg haben sich zeitweise ein paar hundert Familien mit Strohflechten über Wasser gehalten. 30 000 Strohhüte sollen 1785 in einem Jahr aus dem Triberger Raum exportiert worden sein.

Wichtiger wurde dann die Uhrmacherei. Was zunächst einzelne Hofbauern für die eigene Stube nach böhmischen Vorbildern bastelten, wurde bald ein Handelsprodukt. Taglöhner und Kleinbauern schnitzten, feilten und montierten Schwarzwalduhren serienweise, bauten Spieluhren, z. B. mit dem Kuckuck, und exportierten ihre Produkte nach ganz Europa und nach Übersee. Als die Konkurrenz aus Amerika mit Billigprodukten die Schwarzwälder Uhrmacherei bedrohte, richtete der badische Staat eine Uhrmacherschule in Furtwangen ein. Hier konnten die »Wälderbuben« bei dem genialen Ingenieur Robert Gerwig, dem ersten Leiter der Schule, rationelle Fertigungsmethoden lernen. Bald entstanden in Furtwangen und Umgebung, in Vöhrenbach, Schonach und anderen Orten Uhrenfabriken und feinmechanische Werkstätten, die sich inzwischen zu modernen mittelständischen Betrieben weiterentwickelt haben. Aus der Uhrmacherschule wurde eine renommierte Fachhochschule für Elektrotechnik und Elektronik. Eine ziemlich lückenlose Übersicht über den Entwicklungsgang der Uhrmacherei bis in die Gegenwart zeigt das Furtwanger Uhrenmuseum mit einer Sammlung von nahezu 2000 Uhren, vorwiegend aus dem Schwarzwald.

Die Industrie hat auch im Hochschwarzwald das Heimgewerbe abgelöst und die Land- und Waldwirtschaft zurückgedrängt. Die vielfältig gegliederte, weiträumige Landschaft blieb jedoch erhalten. So wurde das Gebiet zu einer vielbesuchten Ferienregion. Orte wie Schönwald oder Schonach verzeichnen zwischen 100 000 und 150 000 Übernachtungen pro Jahr. Besonders attraktiv sind ihre Wintersporteinrichtungen. Eine Langlaufloipe führt von Schonach bis zum Belchen. Dank einer Skisprungschanze wurde Schonach zum alljährlichen Austragungsort der Nordischen Meisterschaft. Wanderferien sind hier ebenso beliebt wie in andern Orten der Region, so in der »Dreitälerstadt« Triberg mit ihrem hübschen, biedermeierlichen Stadtbild, mit ihrem vorzüglichen Heimatmuseum und der barocken Wallfahrtskirche. Hier findet man auch den längsten Wasserfall im ganzen Badnerland.

Was hat demgegenüber nun die Baar zu bieten? Hier sind vor allem die Städte aufzuführen. Villingen ist die älteste; Kaiser Otto III. verlieh ihr vor bald 1000 Jahren das erste Marktprivileg. Von den Zähringern bekam Villingen seinen planvollen ovalen Grundriß mit dem Achsenkreuz der Hauptstraßen. Stadttore, Mauern, Türme reichen ebenso ins Mittelalter zurück wie das Münster. Da Villingen im Jahr 1271 zum letzten Mal einen großen Stadtbrand erlebte, besitzen zudem noch 500 von 670 Häusern in der Altstadt mittelalterliche Bausubstanz. Sieben Belagerungen hat die Stadt widerstanden, und als Prinz Eugen den Bürgern zum Dank für ihre Tapferkeit einen Wunsch zu erfüllen versprach, verlangten sie nichts weiter als »Brot, Bulver und Blei«, wie man es stolz überliefert hat. Furchterregend ist am Romäusturm die Riesengestalt des Remigius Mans (»Romeias«) abgebildet, der als eine Art Urahn der Villinger gilt. Den selbstbewußten Bürgerstolz drückt auch der folgende Vers des Hebelpreisträgers Manfred Bosch aus, der aus der Gegend stammt: »Froog i den Kerle: Wem gheersch Du? Seet der: Mir selber.«

Das kleine Städtchen Bräunlingen in der Baar hat mit Villingen gemeinsam, daß es jahrhundertelang zu Habsburg gehörte, weshalb man hier wie dort dem Bindenschild und dem Doppeladler begegnet. Im Ortskern zeigt Bräunlingen eine urbane Hauptstraße, eine Pfarrkirche (St. Remigius), die als »Mutterkirche« der Baar gilt, und Bürgerhäuser mit den für die Baar typischen Treppengiebeln. Beliebt ist der idyllisch gelegene Kirnsee in einem nahen Landschaftsschutzgebiet.

Auf römischen Ursprung geht Hüfingen zurück, wo ein bereits 1821 wiederentdecktes Römerbad sorgfältig archäologisch aufbereitet und mit einem mächtigen Dach geschützt wurde. Neben dem Militärkastell hat es hier eine keltisch-germanische Handwerkersiedlung (Brigobannis) gegeben. Hüfingen gehörte den Fürstenbergern, die hier heute noch ein großes Sägewerk betreiben. Bekannt wurde der Ort in der Zeit des Biedermeier, als Lucian Reich, Mitglied des »Hüfinger Künstlerkreises«, mit seinem »Hieronymus« ein Volksbuch schuf, das mit Recht als die erste Volkskunde des alemannischen Raumes gilt. Bekannt ist Hüfingen aber auch dadurch, daß alljährlich am »Herrentag« (Fronleichnam) die Bevölkerung die Hauptstraße mit Blumenteppichen zur schönsten Prozessionsstraße macht, die man sich denken kann. Abertausende von Blüten und Blättern schmücken, zu religiösen und volkstümlichen Motiven gestaltet, eine Strecke von 600 Metern Länge.

Als Mittelpunkt der Baar ist Donaueschingen zu sehen, die Fürstenstadt, in der seit 1723 die Fürstenberger residieren. Sie kamen vom »vordersten Berg« (der Anhöhe Fürstenberg) hierher, ließen ein repräsentatives Schloß errichten mit Park und zahlreichen Nebengebäuden, einer prächtigen Kirche im Stil des böhmischen Barock und einem eigenen Bau für ihre Kunstsammlung. Diese gilt zu Recht als die bedeutendste Privatsammlung altdeutscher Kunst in Deutschland. Wer Donaueschingen besucht, wird nicht versäumen, die »Donauquelle« zu besichtigen, die zwischen der Stadtkirche und dem sehenswerten Schloß liegt. Ob es sich hier allerdings tatsächlich um die Quelle des Flusses handelt, darüber streiten sich die Experten. Eine besondere Tradition gewannen die »Donaueschinger Musiktage«. Viele moderne Komponisten haben hier mit ihren Werken Premieren gefeiert.

The High Regions of the Black Forest and Baar

The "Black Forest-Baar" district forges together two rather different landscapes: The eastern part of the higher regions of the Black Forest and the Baar plateau. The main characteristics of the Black Forest region are forest and meadows. The different farmhouses with their huge rooves are typical here. The Baar has fertile chalk soil, and farming here is widespread. The picturesque upper reaches of the Danube meander their way through the Baar plateau. In the Triberg and Furtwangen region, the land is barren and the climate harsh. It is for this reason that its inhabitants were forced to earn their living partly through cottage industries. In the 18th Century, for example, wicker work was produced and sold. After this, the clockmaker's trade became common. The home workers were taught modern production methods at a clockmaker's school in Furtwangen. The school eventually became a renowned college for electrotechnology and electronics. The development of the Black Forest's clockmaking industry is depicted at the clock museum in Furtwangen. Almost two thousand different clocks are on show there. The decline of agriculture was a boon for the tourist industry. Many Black Forest farms offer a "holiday on the farm".

There are some towns in the Baar region which are truly worth a visit, most notably Villingen, which was joined with Schwenningen as part of the alterations made to the region, and was named the chief town of the district. Villingen has maintained its Middle Ages look.

The Fürstenberg dynasty turned Donaueschingen into a residence in 1723. They built a prestigious castle in expensive grounds, a baroque church, a library and a museum for their valuable art collection. The not completely undisputed source of the Danube is to be found between the church and the castle. The "Musiktage", which have been taking place in Donaueschingen for decades, add to the town's appeal. Many modern composers have witnessed their works' first performances at this festival.

Forêt-Noire supérieure et Baar

Le district de «Schwarzwald-Baar» en tant qu'unité administrative renferme deux paysages plutôt contrastants: la partie orientale de la Forêt-Noire supérieure et le haut plateau de la Baar.

L'apparence de la région en Forêt-Noire est déterminée par les bois et les pâturages où des fermes solitaires aux toits puissants mettent les accents.

La Baar dispose de sols agraires fertiles, c'est pourquoi on y rencontre surtout la terre cultivée. Le Danube encore jeune serpente en ruban charmant à travers la plaine de la Baar.

Aux alentours de Triberg et Furtwangen, le climat est rude et les champs rendent peu. C'est pourquoi les habitants de cette zone étaient contraints de gagner une partie de leur vie par le travail à façon. Au 18ᵉ siècle on fabriqua et vendit des produits en paille, puis l'horlogerie s'est développée. L'école des horlogers à Furtwangen apprit aux façonniers les méthodes de fabrication modernes. C'est de cette école que nacquit l'I.U.T. renommé d'électrotechnique et d'électronique. Le musée des horloges à Furtwangen qui expose près de 2000 objets, montre l'évolution du métier d'horloger en Forêt-Noire.

L'agriculture se retirant a favorisé le développement du tourisme. Beaucoup de fermes en Forêt-Noire offrent des «vacances à la ferme».

En 1723, les princes de Fürstenberg choisirent comme résidence habituelle la ville de Donaueschingen Ils firent construire un château témoignant de leur rang avec un grand parc, une église baroque, une bibliothèque et un musée pour leur collection d'art. Entre l'église municipale et le château se trouve – toujours contestée par certains – la source du Danube.

Depuis des années, Donaueschingen est connu pour le concours musical des «Musiktage», pendant lequel des compositeurs de musique contemporaine peuvent se réjouir d'une première représentation de leurs œuvres.

53 Feldberg. Die höchsten Erhebungen des Schwarzwalds sind aufgrund der Bergweidewirtschaft weitgehend kahl. Der Höhe des Feldbergs (1493 m) entspricht das Klima: hohe Niederschlagsmengen (2000 mm im Jahresmittel) und kurze Vegetationsperioden. Schon im Herbst kommen die Nachtfröste, und die Schneedecke schmilzt oft erst im Juni.

53 Feldberg. The highest elevations of the Black Forest are largely barren owing to grazing on the mountain pastures. The climate reflects the altitude of the 1493 metre high Feldberg: high levels of precipitation and short vegetation periods. Night frost starts falling in autumn and the blanket of snow often only melts in June.

53 Feldberg. Les plus hauts sommets de la Forêt-Noire sont dénudés de bois, car ils servent de pâturages. Le climat du Feldberg (1493 m) correspond bien à l'altitude, il y a quantité de pluie et de brèves périodes de végétation. Déjà en automne il y a des gelées nocturnes et souvent, la neige ne fond qu'au mois de juin.

54 Feldsee. Der tiefdunkle Feldsee, fast kreisrund und gut 32 Meter tief, liegt unter einem Steilhang des Feldbergs, von Felsen bergseitig umrahmt: ein typischer Karsee aus der eiszeitlichen Gletscherwelt. Die reich gegliederte Berglandschaft des Hochschwarzwalds zeigt gleitende Übergänge ohne schroffe Kontraste.

54 Feldsee. The dark Feldsee Lake, almost circular and 32 metres deep, lies beneath a steep slope of the Feldberg and is enclosed by cliffs on the mountain side of the lake: a typical corrie lake from the glaciers of the Ice Age. The mountain landscape of the upper Black Forest demonstrates flowing transitions with no abrupt contrasts. Deciduous trees are mixed in the midst of the coniferous forest.

54 Feldsee. Le lac sombre du Feldsee se situe en dessous d'une pente raide du Feldberg. Encadré de rochers, rond comme un cercle, profond de 32 mètres, c'est le type de lac glaciaire par excellence. Le paysage montagneux de la Forêt-Noire supérieure ne présente pas de contrastes bruts.

55 Titisee. Aus Orten in verschiedenen Tälern – zusammen Viertäler genannt – entstand 1929 die Gemeinde Titisee, die sich zu einem beliebten Luftkurort entwickelte. Den kristallklaren See kann man mit Booten befahren oder im Winter übers Eis begehen. Spazier- und Wanderwege, Hotels und Restaurants, Campingplätze und Andenkengeschäfte ziehen die Touristen an.

55 Titisee. The local community of Titisee was established in 1929 from various valley localities and developed into a popular health resort. The crystal-clear lake can be sailed across by boat or walked on when frozen in the winter. Footpaths, hotels and restaurants, gift shops and camp sites attract countless tourists.

55 Titisee. Des lieux situés dans des vallées différentes se sont réunis en 1929 pour constituer la commune de Titisee qui est devenue un centre de cure beaucoup apprécié. L'eau du lac est limpide comme un cristal. On peut y faire de la barque et du patinage en hiver. Des chemins de promenade et de randonnée, des hôtels et restaurants et des places de camping attirent de nombreux visiteurs.

56 Blühende Donau. »Brigach und Breg bringen die Donau zuweg«, heißt es in einem alten Merkvers aus der Baar. In der Hochebene der Baar schlängelt sich der junge Fluß durch eine freundliche Landschaft, vom flachen Ufer begrenzt. Bei geringer Fließgeschwindigkeit können Wasserpflanzen üppig gedeihen, die wie hier der flutende Hahnenfuß das saubere, frische Gewässer lieben.

56 The Blossoming Danube. "Brigach and Breg – send the Danube on its way" is the refrain of an old verse from the Baar. The young river winds its way through a friendly landscape on the plateau of the Baar. Wherever the river flows more slowly, luxuriant water plants like this river buttercup thrive.

56 Danube en fleurs. Brigach et Breg se rencontrent dans la région Baar pour former le Danube. Le fleuve jeune serpente à travers le paysage accueillant du haut plateau à une vitesse encore peu rapide. C'est ce que les boutons d'or préfèrent qui y poussent à merveille.

57 Villingen. Wie kaum eine andere Stadt in Baden konnte Villingen den für die Zähringerstädte typischen Grundriß erhalten: Eine Stadtmauer umschließt das Oval der Kernstadt, die durch ein Achsenkreuz von zwei breiten Hauptstraßen in vier »Quartiere« gegliedert ist. Seit dem letzten Jahrhundert hat sich Villingen zur modernen Industriestadt entwickelt.

57 Villingen. Villingen has managed to retain its typical Zähringer municipal ground plan better than any other town in Baden: a town wall encloses the town centre which is divided into four "quarters" by the axis of two wide main streets. Villingen has developed into a modern industrial town since the last century.

57 Villingen. Villingen a su conserver le plan typique des villes badoises qu'ont fondées les Zähringen. Un mur d'enceinte renferme le noyau urbain structuré par le croisement de deux axes, les rues principales larges, et divisé en quatre «quartiers». De nos jours Villingen est devenue une ville industrielle moderne.

58 Hüfingen, Fronleichnamsteppich. Volksfrömmigkeit spielt im Schwarzwald traditionell eine große Rolle. Auch das Brauchtum hat hier meist eine religiöse Wurzel. Am Fronleichnamsfest schmücken die Gläubigen Häuser und Straßen für die Prozession. Die schönsten Blumenteppiche findet man in Hüfingen, wo man aus Blüten und Blättern wahre Kunstwerke gestaltet.

58 Hüfingen, Corpus Christi Carpet. Devoutness plays a traditionally important role in the Black Forest. In Roman Catholic areas, the believers decorate houses and streets for the procession on the feast of Corpus Christi. The most beautiful carpets of flowers can be found in Hüfingen, where

they make veritable works of art from flowers and leaves.

58 Hüfingen, tapis de la Fête-Dieu. La religiosité de la population en Forêt-Noire a une grande tradition. Dans les villes catholiques, les croyants décorent leurs maisons et leurs rues pour la procession de la Fête-Dieu. A Hüfingen l'on rencontre les plus beaux tapis faits de fleurs et de feuilles, de véritables œuvres d'art.

59 Donaueschingen, Schloß mit Park. Das Schloß in Donaueschingen entstand im 18. Jahrhundert, als die zu Fürsten erhobenen Grafen von Fürstenberg ihre Residenz hierher verlegten. Es wurde allerdings von 1892 bis 1896 vollständig erneuert und umgestaltet. Ein malerisch angelegter Schloßpark setzt die Architektur gleichsam in die Landschaft hinein fort.

59 Donaueschingen, Castle with Park. The castle in Donaueschingen was built in the 18th century as the Duke, recently elevated to princedom, transferred his palace here from Fürstenberg. The castle was fully re-designed between 1892 and 1896, however. Picturesque park grounds appear to extend the architecture into the landscape itself.

59 Donaueschingen, château et jardins. Les princes de Fürstenberg transférant leur résidence à Donaueschingen, au 18e siècle, ont fait construire ce château. De 1892 à 1896 cependant, il fut complètement réorganisé. Les jardins bien structurés du château en reflètent l'architecture.

60 Triberg, Wasserfa[ll]
Den längsten Wasserfa[ll]
Deutschlands besitzt Tr[i]-
berg, ein Kurort, der, w[ie]
sein Name sagt, von dr[ei]
Bergen umschlossen is[t.]
Über mehrere Absätz[e]
stürzt das Wasser übe[r]
insgesamt 120 Meter hina[b]
bis in die Nähe der b[e]-
rühmten Wallfahrtskirch[e]
»Maria in der Tanne[«.]
Wanderpfade führen a[m]
Wasserfall entlang.

60 Triberg, Waterfa[ll]
Triberg, a health reso[rt]
which, as it name implies, [is]
surrounded by three moun-
tains, has the highest wate[r-]
fall in Germany. The wate[r]
falls over several ledges [a]
total of 120 metres down [to]
the ground in the vicinit[y]
of the Triberg pilgrimag[e]
church "The Virgin in th[e]
Pines". Trails and pat[hs]
follow along the edge of th[e]
waterfall.

60 Triberg, cascad[e]
C'est à Triberg que s[e]
trouve la chute d'eau l[a]
plus longue de l'All[e]-
magne. La ville de cu[re]
tient son nom des tro[is]
montagnes qui l'entouren[t.]
L'eau de la cascade [se]
heurtant à plusieurs degr[és]
de terrain se précipite e[n]
aval, pour 120 mètres [de]
profondeur, et ne se calm[e]
qu'à proximité de l'égli[se]
de pèlerinage «Ste Mar[ia]
dans le Sapin».

Nordschwarzwald und Kraichgau

Der Nordschwarzwald zeigt sich weniger zerklüftet als der mittlere und südliche Teil des Gebirges. Flachwellige Höhen, weite Hochebenen, enge Täler prägen das Bild. Die Berge sind nicht mehr so hoch, der Kniebis hat 965, der Schliffkopf 1055, die Hornisgrinde 1164 Meter Höhe. Zum Skifahren reicht das natürlich im Winter allemal, und zum Wandern ist das Gebiet ideal. Die Schwarzwaldhochstraße von Baden-Baden nach Freudenstadt hat die Region touristisch vorzüglich erschlossen; sie bietet immer wieder phantastische Ausblicke auf die Rheinebene und hinüber zu den Vogesen. Nach Norden, zum Kraichgau hin, flacht das Gebirge immer mehr ab. Der Nordschwarzwald ist zum Großteil von weiten, schier endlosen Wäldern bedeckt. Fast ausnahmslos sind es Nadelbäume, denn der Boden ist karg. Eine dünne Krume liegt über der Buntsandsteinscholle. Wo der Sandstein zu brauchbaren Böden verwitterte, sind Rodungs- und Siedlungsinseln entstanden. Viele Dörfer sind erst im hohen und späten Mittelalter gegründet worden. Burgherren haben ihren Leuten streng abgegrenzte Landstreifen entlang der Straße zugewiesen: So sind hier die typischen Waldhufendörfer entstanden. In den aus der Eiszeit übriggebliebenen Gletscherkesseln liegen verträumte, in ihrer Dunkelheit fast unheimlich wirkende Seen wie der Wildsee und der sagenumrankte Mummelsee. Auf den lang hingestreckten Bergkuppen geht man über federndes Hochmoor, vorbei an bizarr geformten Legföhren und Zwergkiefern.

Die weiten Wälder erwecken den Eindruck zeitloser Ewigkeit, und doch sind viele bereits schwer krank. Über die Hälfte des Baumbestands im Schwarzwald ist bedroht oder geschädigt. Ein kahler Schwarzwald: eine Horrorvision! Dabei hat der Wald über gut acht Jahrhunderte hinweg die Menschen in der Region ernährt. Der Holzbedarf war kaum zu befriedigen. Man brauchte Bau- und Möbelholz, später Gruben- und Papierholz. Brennholz benötigte man in

Stadt und Land ohnehin zu allen Zeiten. Auch Zimmerer und Schreiner, Küfer und Wagner brauchten Holz. Neben den Holzhauern hatten die Rieser Arbeit im Wald – sie bauten die »Riesen« oder Rutschen, in denen die Stämme zu Tal befördert wurden –, natürlich auch die Köhler und Pottaschesieder, die Rindenschäler und Sägemüller, die Fuhrleute und Flößer, die Wegebauer, Schmiede und Sattler. Wenn möglich hat man das Holz im Wasser transportiert. Scheitholz wurde in Bächen »wild« geflößt, das Stammholz steuerte man zu Flößen zusammengebunden auf den größeren Flüssen talwärts, so im Murg-, Nagold- und Enztal. Eines der Täler in der Region trägt den sprechenden Namen »Holzbachtal«.

Die Städte in den Tälern waren vom Holzhandel geprägt. In Gernsbach bestimmten die Murgschiffer das Leben; neben den Flößern gab es Großunternehmer, die sogenannten »Schiffsherren«. Pforzheim hatte bis ins letzte Jahrhundert viel von seinem Wohlstand dem Holzhandel zu verdanken. Schon ein Vertrag aus dem Jahr 1342 schildert, wie man das Holz auf Würm, Nagold und Enz flußabwärts flößte. Nach dem Niedergang im Dreißigjährigen Krieg und in den »Franzosenkriegen« kam der Handel erneut in Schwung. Die Pforzheimer Flößer schlossen sich 1747 zu einer »Compagnie« zusammen, die den Transport und Verkauf des Holzes aus dem Schwarzwald bis nach Holland regelte. Die Leitung lag in den Händen von Kaufleuten. Zeitweise vereinigte man sich mit den Flößern in Calw und im oberen Murgtal. Die höchsten Erträge brachte die Flößerei in der ersten Hälfte des 19. Jahrhunderts. Dann wurde die Eisenbahn gebaut, und ihrer Konkurrenz erlag die Floßschiffahrt schließlich.

Pforzheim hatte zu dieser Zeit aber schon andere Erwerbsquellen: die Uhren- und Schmuckindustrie. Sie geht auf die Gründung einer Edelmetallmanufaktur durch die Markgräfin Karoline Luise von 1767 zurück; ihr folgten bald private Uhren- und Schmuckbetriebe. Die Unter-

nehmer kamen zunächst von außerhalb, doch bald waren auch Einheimische in dieser Branche tätig. 1871 kamen auf 20 000 Einwohner der Stadt rund 8000 Beschäftigte in der Bijouterie, 1910 sogar 29 000 (bei einer Einwohnerzahl von knapp 70 000). Rund zwei Drittel der Schmuckproduktion gingen ins Ausland, und das ist auch heute nicht anders. Die Stadt konnte ihre Stellung als »Schmuckschmiede der Welt« sogar noch ausbauen. Dabei schien die Zukunft für Pforzheim 1945 am Ende des Zweiten Weltkriegs fast aussichtslos. Ein verheerender Luftangriff hatte fast die gesamte Stadt ausgelöscht; 15 000 Menschen fanden den Tod. Der Wiederaufbau gab der historischen Stadt, die letztlich auf eine Römersiedlung (lat. »portus« = Hafen, Furt) zurückgeht, ein neues Gesicht.

Man nennt Pforzheim in Anlehnung an den Klang des Namens die »Pforte des Schwarzwalds«, zugleich liegt die Stadt an der Nahtstelle zum offenen Hügelland des Kraichgaus. Der Kraichgau trennt Schwarzwald und Odenwald und bildet eine flache Zone, die sich dem Fernverkehr zwischen West und Ost öffnet. Dies haben schon die Römer genutzt. So führten sie eine Straße von Speyer bzw. Straßburg über Pforzheim nach Cannstatt bis nach Rottweil. Im flachen und fruchtbaren Kraichgau errichteten sie zahlreiche Gutshöfe: In mehr als dreißig Orten sind Reste davon überliefert.

Im Mittelalter holten sich verschiedene Landesherren und Reichsritter ihren Anteil am Kraichgau; die Pfalzgrafen und die Markgrafen, der Bischof von Speyer und der Herzog von Württemberg. Fast jeder Ort hatte einst sein Schloß. Die Herrschaftssitze sind jedoch fast alle verschwunden ebenso wie viele der alten Fachwerkhäuser in den Dörfern. Zu schlimm haben die Kriege des 17. und 18. Jahrhunderts hier gewütet.

Stattlich sind die Dörfer jedoch immer noch, denn der Kraichgau ist fruchtbares Bauernland. Die Böden sind gut, eine dicke Lößschicht bedeckt die sanft ansteigenden Hänge, und von der oberrheinischen Tiefebene bringt der warme Wind ein mildes Klima. Getreidefelder liegen wie Teppiche aneinandergereiht, und in den Niederungen wechseln Wiesen mit Baumgruppen wie in einer Parkland-schaft. Man hat den Kraichgau früher die Kornkammer Badens genannt.

Mitten im Hügelland steht die Burg Steinsberg auf einer Kuppe, gleichsam als Kompaß in der Landschaft. Nur die Ring-mauer und der achteckige Bergfried blie-ben unversehrt erhalten. Die Turmmauer ist fast vier Meter dick; sie stammt aus der Zeit um 1250. Ganz in der Nähe liegt Sins-heim, eine der drei ansehnlichen Städte im Kraichgau. Eppingen und Bretten zäh-len noch dazu, während ein weiteres Dut-zend Siedlungen mit Stadtrecht weniger urbanen Charakter zeigt. Der Städtereich-tum des Kraichgaus hängt mit dem dich-ten Straßennetz zusammen, das die Re-gion schon im Mittelalter durchzogen hat.

Bretten war bereits damals eine Art Verkehrsknotenpunkt. Eine wichtige Fern-verkehrsachse verband Straßburg (und Frankreich) mit Nürnberg. Eine andere führte von Augsburg über Ulm nach Frankfurt, das seit dem 14. Jahrhundert Messestadt war. Beide Straßen kreuzten sich in Bretten. Ein Zollaufseher von Bret-ten notierte für 1520/21 über 400 Wagen, die die Stadt passierten: Aus Augsburg waren es 45, aus Ulm 37, aus Kempten 35, aus Crailsheim 13 und so fort. Bretten besaß das Markt- und Münzrecht. Der alte Wohlstand der Stadt kommt im goti-schen Marktbrunnen, in der Stadtkirche wie auch in den Türmen der ehemaligen Stadtbefestigung zum Ausdruck. Zu den berühmten Söhnen der Stadt zählt Philipp Melanchthon, der Freund Luthers und Verfasser der »Confessio Augustana«, we-gen seiner Gelehrsamkeit auch »praeceptor Germaniae« genannt.

The Northern Part of the Black Forest and the Kraichgau Region

The northern part of the Black Forest comprises of gently undulating hillsides, expansive plateaux and narrow valleys. Over the years, the less demanding Nadelwald coniferous forest has spread out over the barren new red sandstone. Deciduous trees are seen here very sel-dom. The settlements which are dotted about the region appeared relatively recently, usually in the form of Waldhufen villages. Today there are dark lakes in what used to be simply glacial hollows, such as the Wildsee or the Mummelsee.

For many years, it seemed that the abundance of timber would never come to an end. However, as with many other things, there was a demand for an endless supply of wood. In this area, many occu-pations were timber orientated (e. g. lum-berjacks, charcoal burners, carters). Most of the timber was transported along the waterways: Firewood was rafted "wild", trunk wood was bound onto huge rafts and guided downstream, sometimes as far as Holland. In Gernsbach and particu-larly in Pforzheim, the timber trade brought wealth to many families. It was not until the railway was built that rafting moved back to Murg, Nagold and Enz before disappearing for good.

Since 1767, there has been a second basis for Pforzheim's economic develop-ment: jewellery manufacture. Since that date, an increasing number of clock and jewellery manufacturing business have been established. The goods are exported around the globe. The town was heavily bombed in February 1945, which resulted in the townsfolk completely rebuilding their town.

The open Kraichgau hills open up north of Pforzheim. This flat landscape between the Black Forest and the Oden-wald Forest has been used by travellers travelling east or west since Roman times. Trade speeded the development of towns. Bretten is a fine example of this phenome-non. It has been a crossroad for centuries. It is here that the long roads between Strassburg and Nuremberg and between Augsburg and Frankfurt met.

Nord-Forêt-Noire et Kraichgau

L'image du nord de la Forêt-Noire pré-sente des montagnes ondulantes, des hauts plateaux étendues et des vallées étroites. Sur le sol maigre qui couvre le grès bigarré, les pins et sapins peu préten-tieux ont pu s'etendre. Les arbres à feuil-les y sont rares. La civilisation y entra avec retard. Quelques villages forestiers solitai-res furent fondés dont la propriété était divisée selon la mesure historique de la charrue. Les anciennes auges des glaciers renferment des lacs sombres, comme celui du Wildsee ou du Mummelsee. La grande richesse en bois des forêts parais-sant inépuisable, les hommes en usaient sans mesure. Beaucoup de professions en dépendaient, les bûcherons, les charbon-niers, les charretiers p. e. Le bois fut trans-porté surtout sur les voies d'eau, le bois de quartier flottait «sauvagement», les troncs d'arbres furent reliés pour former de grands radeaux qu'on fit flotter en aval, parfois jusqu'aux Pays-bas. Pour beau-coup de familles à Gernsbach et à Pforz-heim, le commerce du bois signifiait la prospérité. Le chemin de fer permettant un transport plus confortable mit fin au flotte-ment sur les rivières Murg, Nagold et Enz.

Pforzheim avait pourtant une autre bonne assise économique: déjà depuis 1767 y travaillait une manufacture de bijoux. Beaucoup d'autres entreprises tenant de la fabrication d'horloges et de bijoux se font formées depuis ce temps, dont les produits sont vendus dans le monde entier.

La ville de Pforzheim que les bombes ont mise à cendres en février de 1945, a été entièrement reconstruite après la guerre.

C'est au nord de Pforzheim que s'étend le paysage ouvert à collines du Kraichgau. Cette zone manquant de plus grandes alti-tudes, entre la Forêt-Noire et la montagne de l'Odenwald, sert de pays de passage pour le traffic entre l'ouest et l'est depuis le temps des Romains. Grâce au com-merce, des villes ont pu se développer, dont Bretten, qui était jadis un nœud central pour la circulation sur les routes de Strasbourg à Nuremberg et d'Augsbourg à Francfort qui s'y croisèrent.

61 Forbach im Murgtal. Forbach, ein Luftkurort mit reizvollem Stadtbild, besitzt die größte freitragende und überdachte Holzbrücke Europas. Sie ist nach dem Vorbild der alten Brücke von 1776/78 nach dem Zweiten Weltkrieg wiedererrichtet worden. Sie führt über die Murg, auf der einst die Flößer den Reichtum des Waldes talwärts brachten.

61 Forbach in the Murg Valley. Forbach, a mountain air health resort with an attractive townscape, has the largest self-supporting and roofed wooden bridge in Europe., The bridge was reconstructed on the model of the old bridge from 1776/78 after the second world war and leads across the Murg where the raftsmen used to work.

61 Forbach dans la vallée de la Murg. Forbach, ville de cure à l'aspect charmant, possède le plus grand pont de l'Europe qui soit construit sans support, en bois et couvert d'un toit. Redressé après la seconde guerre mondiale suivant l'image du pont ancien de 1776/78, il traverse la Murg, fleuve où jadis travaillèrent les flotteurs.

62 Mummelsee. Wer sich dem Touristenstrom entziehen kann, mag sich vom dunklen Karsee mit seinem uralten Baumbestand verzaubern lassen, vielleicht mit Hilfe von Mörikes Versen über »Die Geister am Mummelsee«: »Die Wasser, wie lieblich sie brennen und glühn! / Sie spielen in grünendem Feuer; / Es geisten die Nebel am Ufer dahin, / Zum Meere verzieht sich der Weiher [...]«.

62 Mummelsee Lake. On the banks of this dark corrie lake with its ancient trees the visitor might let himself be enchanted by the perspective of the Swabian poet Mörike who wrote of its glowing waters and misty banks in his poem "The Spirits of the Mummelsee".

62 Mummelsee. Le visiteur du lac glaciaire sombre et des arbres vieux comme le monde sera enchanté. Il se peut même qu'il rencontre les esprits du Mummelsee qui habitent les eaux et les brumes de ses bords, les mêmes que le poète Mörike a fait renaître dans une poésie célèbre.

63 Schwarzwaldhochstraße. Die rund 60 Kilometer lange Gebirgsstraße zwischen Baden-Baden und Freudenstadt bietet großartige Ausblicke auf die Oberrheinebene, den lockeren Tälerwald im Westen oder hinauf zu den weiten Waldflächen im Osten und Norden, hinüber zu den Hochmooren oder den Karseen in den Gletscherkesseln.

63 Black Forest High Road. The almost 60 kilometre long mountain road between Baden-Baden and Freudenstadt offers splendid views of the upper Rhine plain, the sparse valley forest in the east and north across to the high moors or the corrie lakes in the glacier bowl.

63 Route de hauteurs de Forêt-Noire. Cette route longue de 60 kilomètres et menant de Bade-Bade à Freudenstadt offre une vue splendide sur la plaine du Rhin, sur les forêts vallonnées à l'ouest et au nord, vers les zones à fanges ou les lacs remplissant les creux formés par les glaciers.

65 Bretten. Der Marktplatz wird von schönen Fachwerkhäusern begrenzt sowie von dem spätgotischen Melanchthonhaus mit wappengeschmücktem Erker. Es hält die Erinnerung an Philipp Melanchthon wach, den Mitarbeiter und »Erben« Luthers, der 1497 in Bretten zur Welt kam. Den Brunnen ziert die Figur eines Pfälzer Kurfürsten, denn bis 1803 war die Stadt pfälzisch.

65 Bretten. The market square in Bretten is bounded by attractive half-timbered houses as well as by the late Gothic Melanchthon House and oriel. The house keeps the memory of Philipp Melanchthon alive, Luther's collaborator and "heir" who was born here in 1497. The figure of a Palatinate electoral prince decorates the late Gothic fountain as the town was part of the Palatinate until 1803.

65 Bretten. La place du marché à Bretten est entouré de belles maisons en pans de bois, dont l'une, aux formes du gothique flamboyant, porte à sa pièce en saillie les armes de Philipp Melanchthon. Elle rappelle la mémoire du collaborateur et «héritier» de Martin Luther, qui est né à Bretten en 1497.

◁ **64 Pforzheim.** Die Stadt am Eingang zum nördlichen Schwarzwald blickt auf eine lange und reiche Geschichte zurück. Doch davon ist seit dem verheerenden Luftangriff vom März 1945 nicht mehr viel zu erkennen. Weltberühmt ist Pforzheim als »Goldstadt«. Davon legen die Villen und die modernen Firmengebäude ebenso Zeugnis ab wie das Schmuckmuseum der Stadt.

64 Pforzheim. The town at the entrance to the northerly section of the Black Forest enjoys a long history most of which has disappeared since the devastating air raid in March 1945. Pforzheim enjoys world-wide fame as the "Gold Town". This is testified by the villas, the modern company buildings, and the town's jewellery museum.

64 Pforzheim. La ville à l'entrée de la Forêt-Noire septentrionale est dotée d'une longue histoire. Mise à cendres par les bombes du mois de mars 1945, elle a pourtant perdu tout aspect de ville ancienne. Pforzheim est connu au monde entier pour son orfèvrerie dont témoignent les palais et les bâtiments modernes des entreprises aussi bien que le musée des orfèvres.

66 Burg Steinsberg. Der Basaltkegel des Steinsbergs ist vulkanischen Ursprungs. Mit 333 Metern ist er der höchste Gipfel des Kraichgaus. Von hier hat man eine herrliche Aussicht. Die Reste der Burg, deren Turm weithin zu sehen ist, gehen auf das 13. Jahrhundert zurück. Im Dorf Steinsberg scheiterte 1730 der Fluchtversuch des späteren Preußenkönigs Friedrich II.

66 Steinsberg Castle. The basalt peak of Steinsberg mountain is of volcanic origin. At 333 metres its summit is the highest in the Kraichgau area and offers wonderful views. The castle remains go back to the 13th century. The flight of the Prussian King Friedrich II failed in the village of Steinsberg in 1730.

66 Château fort du Steinsberg. Le mont basaltique du Steinsberg est d'origine volcanique. De ses 333 mètres il culmine le Kraichgau. Son panorama est superbe. Les ruines du château fort datent du 13e siècle.

Die Kurpfalz mit der Bergstraße

»Alt-Heidelberg, du feine, du Stadt an Ehren reich; am Neckar und am Rheine kein' andere kommt dir gleich.« So hat Joseph Viktor von Scheffel die Stadt einst besungen. Lang ist die Reihe derer, die Heidelberg ähnlich gepriesen haben. In Hölderlins Versen ist die Stadt schon fast der Zeit entrückt: »Lange lieb' ich dich schon, [...] Du, der Vaterlandsstädte/ Ländlichschönste [...]«.

Was ist es, was Heidelberg in aller Welt so berühmt gemacht hat? Die grandiose Ruine des kurfürstlichen Schlosses? Die Universität mit dem Ruhm, die älteste auf deutschem Boden zu sein? Oder ist es einfach der Anblick, den die Stadt bietet, wenn man sie etwa vom Philosophenweg aus betrachtet und nochmals Hölderlins Verse im Ohr hat: »Sträuche blühten herab, bis wo im heitern Tal/An den Hügel gelehnt, oder dem Ufer hold,/ Deine fröhlichen Gassen/Unter duftenden Gärten ruhn.« Wie haben die Romantiker von ihrem Heidelberg geschwärmt, Brentano, von Arnim, Eichendorff! Doch Heidelberg hat nicht nur seine Altstadt mit engen Gassen, unzähligen Kneipen, der längsten Fußgängerzone im ganzen Land, den harmonischen Brücken über den Neckar, an dessen Ufern sich so romantisch träumen läßt. Die Stadt hat Leben und bildet das Zentrum und das Herz eines Landkreises mit rund 500 000 Einwohnern.

Heidelberg verkörpert wie kaum eine andere Stadt eine lange, bewegte Geschichte. Auch wenn man es noch nicht zur Stadtgeschichte Heidelbergs rechnen wird, daß in der Nähe, bei Mauer, die bislang ältesten Überreste eines menschlichen Lebewesens in Mitteleuropa gefunden wurden; immerhin kennt die gelehrte Welt seit dieser Entdeckung den »homo heidelbergensis«, dessen Überreste in einem Heidelberger Universitätsinstitut ruhen. Die Zeugnisse aus der Römerzeit geben dem Ort nur einen begrenzten Rang im Vergleich zum Beispiel zu dem damals viel bedeutenderen Ladenburg. Der Aufstieg der seit der Stauferzeit bezeugten Stadt hängt eng mit den Pfalz-

grafen zusammen, die sich damals am nördlichen Oberrhein gegen die Bischöfe von Speyer und Worms durchsetzten. 1214 wurden die Wittelsbacher Pfalzgrafen. Sie wählten Heidelberg als Residenz und bestimmten rund 600 Jahre lang das Schicksal der Stadt. Als Kurfürst, Truchseß des Reiches und zeitweiliges Reichsoberhaupt hatte der rheinische Pfalzgraf eine herausragende Position in Deutschland. So sah Heidelberg viel politische Prominenz in seinen Mauern bis zum Ende des Alten Reiches 1803, das zugleich das Ende der Pfalzgrafschaft und ihre Eingliederung ins Badener Land bedeutete.

Der herausragenden Rolle der Pfalzgrafschaft entsprach die gewaltige Schloßanlage, an der mehrere Generationen der pfälzischen Wittelsbacher gebaut haben. Als schönster Palast gilt der, den Kurfürst Ottheinrich Mitte des 16. Jahrhunderts im Renaissancestil erbauen ließ. 1693 zerstörten die Franzosen das Schloß. Zwei Generationen später erst wurde mit dem Wiederaufbau begonnen, doch ein Blitzschlag vernichtete 1764 erneut die Anlage. Erst im 19. Jahrhundert wurde die Ruine auf Betreiben des französischen Grafen Graimberg wieder instandgesetzt. Heute ist sie das Ziel unzähliger Touristen aus aller Welt.

Wie das Schloß so hat die Heidelberger Universität sowohl dem Ruhm der Pfalzgrafen, die sie 1386 gründeten, als auch dem Ansehen der Stadt gedient. Hier wirkten berühmte Humanisten. Hier trug Martin Luther zum ersten Mal seine neuen Gedanken öffentlich vor. Hier lehrten im 19. Jahrhundert große Naturwissenschaftler wie Bunsen und Helmholtz. Hier wirkte der Volkswirtschaftler und Soziologe Max Weber, und hier studierte um 1900 die russische Intelligenz, die sich dem Westen zugewandt hatte. Schließlich wollten hier Tausende von Amerikanern nach 1945 ein paar Semester verbringen, um eine »typisch deutsche« Atmosphäre zu genießen.

Zum Ruhm von Heidelberg trägt natürlich auch die in der Universitätsbibliothek

verwahrte »Manesse-Handschrift« des deutschen Minnesangs bei, ebenso die »Palatina«, jene erste und wertvollste Bibliothek Deutschlands, von der wenigstens ein Teil wieder nach Heidelberg zurückkehrte, nachdem Tilly, der siegreiche Feldherr des Kaisers, ihre gesamten Schätze 1623 in fünfzig Frachtwagen in den Vatikan hatte bringen lassen.

1720 verlegte der damalige Kurfürst seine Residenz in das neu erbaute Schloß Mannheim. Er tat das nicht zuletzt wegen eines Religionsstreits mit dem Heidelberger Kirchenrat. Die Pfalz hat mit ihren Landesherren mehrmals die Konfession gewechselt. Zuerst war man, dem Kurfürst folgend, protestantisch, dann calvinistisch, dann wieder – teilweise wenigstens – katholisch.

Dasselbe Schicksal hatte Mannheim, wobei die Stadt erst aufblühte, als der kurpfälzische Hof mit großer Beamtenschaft hierher übersiedelte. Kurfürst Karl Theodor gab der Stadt besonderen Glanz durch die Errichtung des Nationaltheaters. Hier wurden Schillers »Räuber« 1782 uraufgeführt. Nachdem Karl Theodor bayerischer Kurfürst geworden und mit dem Hof nach München umgezogen war, stagnierte Mannheims Entwicklung zunächst. Dann aber brachte die Industrialisierung den großen Schub: Mannheim erhielt 1840 mit dem Rheinhafen den für lange Zeit größten Binnenhafen Deutschlands. Im gleichen Jahr wurde als erste badische Eisenbahn die Strecke Mannheim – Heidelberg eröffnet. In der Folge wurde Mannheim zur bedeutendsten Industriestadt Badens mit der höchsten Einwohnerzahl des Landes. Hier entwickelte Carl Benz das erste Automobil. Hier lebte der Gründer der BASF. Hier produzierte die Firma Lanz die stärksten Traktoren des Kontinents.

Mannheim war aber auch der Ort der heftigsten politischen Gegensätze. Im Vormärz prallten hier die Radikalen, unter Hecker und Struve, mit den Gemäßigten, Mathy und Bassermann, zusammen. In Mannheim erreichte die badische SPD das erste Reichstagsmandat. Hier gab es 1919 kommunistische Umsturzversuche. Hier sammelte sich aber auch der erste Widerstand gegen die Nationalsozialisten, die Mannheim zynisch »Stadt der Juden und der Marxisten« schimpften. Als Industriestadt war Mannheim im Zweiten Weltkrieg bevorzugtes Ziel schwerer Luftangriffe. Die Hälfte des Wohnraumes war 1945 zerstört. Dennoch wurde Mannheim wieder zu einer blühenden Industriemetropole. So fügt es sich auch ins Bild, daß hier 1980/90 das große Landesmuseum für Technik und Arbeit errichtet wurde.

Die Pfälzer gelten als geschäftig und lebhaft, geschwind im Reden und Handeln. Sie zeigen gern, was sie empfinden; schon Liselotte von der Pfalz tat das offenherzig in ihren Briefen aus dem ungeliebten Versailles. Das Pfälzer Temperament paßt nicht nur zur Städtelandschaft von Mannheim und Heidelberg, auch an der Bergstraße ist es zuhause. In diesem fruchtbaren Landstrich blühen im März schon die Mandel- und Pfirsichbäumchen, duften die Rebhänge und Weinlauben im Herbst nach Trauben, sind zahlreiche Bergkuppen von Burgen gekrönt. Schon die Römer wußten die Vorzüge der Gegend zu schätzen. Sie errichteten im 1. Jahrhundert n. Chr. im heutigen Ladenburg ein Legionslager mit der größten Basilika nördlich der Alpen.

Traditionsreich ist auch Weinheim an der Bergstraße, das für kurze Zeit um 1700 kurpfälzische Residenz war. Schließlich paßt die Lebensart der Pfälzer nicht weniger gut zu Schwetzingen mit der barocken Sommerresidenz der Kurfürsten, mit dem figuren- und blumenreichen Schloßgarten oder den Schlemmerlokalen, in denen man den berühmtem Spargel aus der Region serviert.

The Palatinate and the Bergstrasse Region

Heidelberg, with its castle, old town and university, is known the world over. It is famous as a town of romance, history and science. The oldest German university stands here. The Wittelsbacher dynasty, as Counts of the Palatinate, had their residence here, after they had become electoral princes of the Palatinate in 1214. Several generations contributed to the construction of the huge castle buildings. The French destroyed the castle in 1693. It was decades before work began to rebuild it. Large sections of the building were destroyed once more by a flash of lightning. It was not until the 19th. Century that the French Count Graimberg set the wheels in motion to transform the ruins into a fine castle once more.

In 1720, the electoral prince of the day transferred his residence to Mannheim, where he ordered the building of a magnificent castle. Mannheim then developed rapidly, due to the Palatinate's organisation with its extensive civil service. The National theatre became famous and it is here that Schiller's "The Robbers" was performed for the first time in 1782. The Mannheim harbour was built in 1840 and large machine and vehicle construction companies and chemical companies expanded quickly. The difference between the liberal bourgeoisie on the one hand and the work force on the other led to great political conflicts, firstly in the period from 1815 to the March Revolution of 1848 (der Vormärz) and then after the November revolution of 1918. The construction of the Technology and Employment Land Museum underlined Mannheim's role as a centre of industry.

The Bergstrasse region is also part of the Palatinate. The area is in a favourable position and has a fine climate. The almond and peach trees bloom here as early as March. A fine wine is also produced here. Ladenburg and Weinheim are among the towns in the Bergstrasse which are rich in tradition. The electoral princes built their summer residence, set in beautiful gardens, south of Mannheim in the town of Schwetzingen.

Le Palatinat dit électoral et la Route des montagnes

Heidelberg, célèbre au monde entier pour son château, sa cité ancienne et son université, est la ville du romantisme, de l'histoire et des sciences. Son université est la plus ancienne de l'Allemagne.

Les comtes de Wittelsbach devenus princes électeurs de l'Empereur pour le Palatinat, en 1214, y ont résidé. Plusieurs générations ont travaillé à la construction du château immense.

Le château détruit par les Français en 1693 ne fit redressé qu'après une dizaine d'années. Un coup de foudre y mit feu et en détruit à nouveau une grande partie. Ce n'est qu'au 19e siècle que le compte français de Graimberg a fait remettre en état la ruine.

En 1720 le prince électeur de l'époque changea de résidence et fit construire un château imposant à Mannheim. C'est grâce au gouvernement du Palatinat et ses cadres que Mannheim a pris un grand essor. Le théatre national de Mannheim devint célèbre, en 1782 on y mit sur scène la première des «Brigands» de Schiller.

En 1840 l'on fonda le port de Mannheim, de grandes entreprises pour la construction de machines et de véhicules et pour l'exploitation chimique venues s'y installer ne tardèrent pas à s'expandre. Le conflit entre la bourgeoisie libérale d'un côté et les ouvriers de l'autre porta à des combats politiques violents, disputés d'abord avant le mois de mars 1848 et pendant la Révolution de la même année, et puis encore pendant celle de novembre 1918.

La Route des montagnes fait également partie du Palatinat dit électoral pour son histoire. Grâce à son climat doux et sa situation favorable, ce paysage est l'enfant chéri de la région. Déjà au mois de mars, les amandiers et les pêchers sont en fleurs, on y cultive aussi un bon vin. Ladenburg et Weinheim sont les villes les plus comblées de tradition. C'est au sud de Mannheim, à Schwetzingen que l'on peut promener dans les jardins magnifiques de la résidence d'été des princes électoraux.

67 Heidelberg. Für die Römersiedlung am Fuß des »Heiligenberges« ist schon 170 n. Chr. eine Neckarbrücke bezeugt. Die jetzige »Alte Brücke« stammt aus dem 18. Jahrhundert. Die Stadt mit ihrem reichen Kulturerbe wird überragt von der mächtigsten Schloßruine Deutschlands, der ehemaligen Residenz der Kurfürsten, die 1689 zerstört wurde.

67 Heidelberg. A bridge across the Neckar has been shown to have existed as early as 170 AD at the Roman settlement at the foot of the "Holy Mountain". The present "Old Bridge" originates from the 18th century. The town with its rich cultural heritage is dominated by the most imposing castle ruins in Germany, the former residence of the electoral prince. The castle was destroyed in 1689.

67 Heidelberg. Les Romains s'installant aux bords du Neckar avaient un pont sur le fleuve déjà en 170 après J.-C. Le pont actuel, dit «Vieux Pont» date du 18e siècle. La ville riche en culture est culminée des ruines les plus importantes de l'Allemagne. Le château, ancienne résidence des princes électeurs, fut détruit en 1689.

68 Mannheim, Schloß. Die Kurfürsten von der Pfalz verlegten im 18. Jahrhundert ihre Residenz nach Mannheim, wo sie 1720 den Bau der monumentalen Schloßanlage begannen. Fast 600 Meter breit ist die der Stadt zugewandte Front. Das Schloß wurde 1943 schwer beschädigt und beim Wiederaufbau im Innern völlig umgestaltet. Heute befindet sich hier die Universität.

68 Mannheim, Castle. The Palatinate electoral princes transferred their residence to Mannheim in the 18th century where they began work on the construction of the monumental castle buildings. The front is almost 600 metres wide. The building was badly damaged in 1943 and the interior completely redesigned during reconstruction work. The University of Mannheim is located here today.

68 Mannheim, château. Les princes électeurs du Palatinat commencèrent en 1720 à construire un énorme complexe résidentiel. Le front du château a plus de 600 mètres en largeur. Lors de la réconstruction des lieux gravement endommagés en 1943, on les a complètement réorganisés. L'université de Mannheim y réside aujourd'hui.

69 Mannheim, Wasserturm. Die zusammen mit dem Schloß errichtete Kernstadt von Mannheim ist gemäß dem Stil der Zeit in streng rechtwinklige Quadrate gegliedert. Zeugnis der industriellen Expansion der Stadt im 19. Jahrhundert ist der Friedrichsplatz mit dem Wasserturm im wilhelminischen Stil – ein Wahrzeichen der Stadt –, dem Rosengarten und der Kunsthalle.

69 Mannheim, Water Tower. The town centre of Mannheim, which was constructed at the same time as the castle, was built in a strictly rectangular, quadratic form in line with the spirit of the times. The Friedrichsplatz with the water tower in Wilhelminian style – a town symbol – rose garden and art gallery is a testimony to the industrial expansion that took place during the 19th century.

69 Mannheim, château d'eau. Le noyau urbain de Mannheim, fondé en même temps que le château, est divisé en carrés purement rectangulaires suivant le style de l'époque. De l'expansion industrielle au 19ᵉ siècle témoignent la place Frédéric au château de style guillaumin, le rosier et la Galerie d'art.

**70 Mannheim, Konrad-
Adenauer-Brücke.** Mann-
heim hat sich zum Ve
kehrsknotenpunkt entwi
kelt: Mit dem Rheinhafe
nahm die Binnenschiffah
seit 1834 einen stürmisch
Aufschwung. Bereits 18
folgte die Eisenbahn, 18
die erste Eisenbahnbrüc
über den Rhein, 1935 d
Anschluß an die ers
Autobahn. Moderne Brü
kensysteme sorgen für n
hezu kreuzungsfreien Ve
kehr.

**70 Mannheim, Konra
Adenauer-Bridge.** Man
heim has evolved into
traffic junction: With t
Rhine harbour, inland n
vigation expanded at
tempestuous rate aft
1834. The railways reach
Mannheim as early as 184
the first railway brid
across the Rhine was bu
in 1867 and the first mot
way junction came in 193
Modern bridge systems
away with the need for tr
fic cross-roads as far
possible.

**70 Mannheim, pont Ko
rad Adenauer.** Mannhe
est devenu un nœud centr
du traffic: grâce au po
rhénan, la navigation f
viale a pris un essor énor
depuis 1834. En 1840 Mar
heim fut relié au chemin
fer, le premier pont fer
viaire sur le Rhin fut ouv
en 1867, l'accès à la pr
mière autoroute en 1935

71 Schwetzingen, Schloßpark. Mitte des 18. Jahrhunderts entstand der Schloßpark in der Schwetzinger Sommerresidenz der Pfälzer Kurfürsten, ein Kunstwerk für sich, gleichsam eine architektonisch gestaltete Landschaft, zum Teil in strengen »französischen« Formen, zum Teil im »englischen«, d. h. naturnahen Stil.

71 Schwetzingen, Castle Grounds. The castle grounds in the Schwetzingen summer palace of the Palatinate electoral prince were laid in the middle of the 18th century – a work of art in itself, an almost architectonic formed landscape, partly laid out in the strict "French" style and partially extended in the natural "English" style.

71 Schwetzingen, jardin du château. Le jardin du château de Schwetzingen, résidence d'été des princes électeurs du Palatinat, fut aménagé au milieu du 18e siècle. Projeté par les paysagistes de l'époque, il est jardin «français» strictement régulier et symétrique d'un côté, et jardin «anglais» naturel de l'autre, dans l'ensemble lui-même une œuvre d'art.

72 Weinheim. Die Große Kreisstadt Weinheim an der Grenze von Baden zu Hessen entstand aus zwei Siedlungen, der sogenannten »Altstadt« und der »Neustadt«, die bis heute ein fast mittelalterliches Aussehen bewahrt haben. Über der Stadt sieht man die Ruine der Burg Windeck, die einst vom Abt des nahegelegenen Reichsklosters Lorsch erbaut worden war.

72 Weinheim. Weinheim on the Baden-Hessen border developed out of the two settlements of the so-called "Old Town" and "New Town" which have retained an almost medieval appearance right up to the present day. The ruins of Windeck Castle can be seen above the town. The castle was built by the abbot of the nearby imperial abbey of Lorsch.

72 Weinheim. Weinheim, divisé en «Ville Ancienne» et «Ville Nouvelle», se présente toujours sous l'apparence de ville médiévale. En altitude on reconnait la ruine du Windeck, château fort construit par le prieur de Lorsch, une abbaye impériale qui n'est pas loin.

73 Ladenburg, Bischofshof. Der schloßartige Amtshof der Bischöfe von Worms, die rund 1000 Jahre lang Stadtherren von Ladenburg waren, geht auf das 16. und 17. Jahrhundert zurück. Die Stadt mit ihrer 2000jährigen Geschichte besitzt herausragende Baudenkmäler von historischem Rang, darunter zahlreiche Zeugnisse aus römischer Zeit.

73 Ladenburg, Court of the Bishops. The castle-like official court of the Bishops of Worms, who were the rulers of Ladenburg for about 1000 years, goes back to the 16th and 17the century. The town with its history stretching back 2000 years bears witness to the Roman period and possesses outstanding monuments of historical importance.

73 Ladenburg, Cour de l'Evêque. Siège magistral des évêques de Worms à l'aspect d'un château, elle date du 16e et 17e siècle. Ladenburg, ville bimillénaire, présente nombre de témoignages du temps des Romains et des bâtiments historiques au rang de monuments.

74 Burg Hornberg. Die Burg mit dem Beinamen »Götzenburg« liegt bei Neckarzimmern. Sie gehörte einst Götz von Berlichingen, dem »Ritter mit der eisernen Hand« und Anführer der Bauern im Bauernkrieg. Nach der Niederlage der Aufständischen mußte er hier 16 Jahre als Gefangener, sozusagen unter Hausarrest, verbringen. 1562 starb er auf seiner Burg.

74 Hornberg Castle. The castle with the epithet "Götzenburg" is in the vicinity of Neckarzimmern. The castle used to belong to Götz von Berlichingen, the "Knight with the iron hand" and leader of the peasants in the Peasant Wars. After the rebels were defeated, von Berlichingen spent 16 years as a prisoner and died here in 1562.

74 Château fort du Hornberg. Appartenant jadis à Götz de Berlichingen, chevalier «à la main de fer» et conducteur des paysans lors de la Guerre des paysans, le château fort du Hornberg est surnommé «château de Götz». Le rébellion échouée, il y fut emprisonné pendant 16 ans, jusqu'à sa mort en 1562.

Vom Odenwald zum Taubergrund

Der Odenwald bildet gleichsam die Fortsetzung des Schwarzwaldes nach Norden. Er ist freilich flacher und niedriger – der höchste Berg ist nur 626 Meter hoch –, doch auch der Odenwald (»Odins Wald«?) ist als Waldgebirge karg und dünn besiedelt. Die Buntsandsteindecke läßt fast nur Nadelwald wachsen. Zur Bergstraße hin werden die Böden besser: Hier gibt es Laubwälder und Obstbaumwiesen. Am Neckar entlang säumt eine Kette von Burgen die Ausläufer des »Kleinen Odenwaldes«. Sie liegen an der »Deutschen Burgenstraße«, die bis nach Nürnberg führt. Bei Neckarsteinach stehen gleich vier Burgen in Sichtweite. Es folgt bei Eberbach die Burg Zwingenberg, auf der im November 1918 der letzte badische Großherzog seine Abdankung unterschrieb. Auch die Götzenburg Hornberg ist sehr sehenswert; auf ihr saß jener Götz von Berlichingen, der die Nachwelt um eine unverfrorene Redewendung bereicherte. Manche der Burgen tragen sprechende Namen wie Schwalbennest, Hirschhorn, Minneburg. In etlichen Burgen gibt es eine Burgschenke oder auch einen richtigen Hotelbetrieb.

Der Odenwald ist Spätsiedelland und wurde erst im Zuge der Binnenkolonisation seit der Karolingerzeit erschlossen. Klöster wie die Reichsabtei Lorsch wirkten dabei maßgeblich mit. Lorsch verzeichnete in einem einzigen Jahrhundert über 400 Schenkungen von Gütern im Bauland und im Odenwald. Von den Rändern her erfolgte die Rodung in den Wald hinein. Nimmt man die Ortsnamen als Indiz, so fällt auf, daß (außer den Römersiedlungen) die Orte mit der Endung »-ingen«, d.h. alamannische Gründungen, im ganzen Odenwald fehlen. Orte auf »-heim« gehen häufig auf fränkische Herren zurück; sie entstanden etwa im 8./9. Jahrhundert und finden sich im Bauland häufig, ähnlich wie an der Bergstraße. Gründungen aus der Zeit der Binnenkolonisation erhielten gerne Namen auf »-bach«, »-ach« oder »-brunn«. Gerade solche Ortsnamen sind im Odenwald am häufigsten anzutreffen.

Der Odenwald selbst und mehr noch das anschließende Bauland, das hügelige Gebiet zur Jagst und zur Tauber hin, war und ist bis heute ein Bauernland. Der Muschelkalkboden im Bauland ist fruchtbar, und so findet man in dieser Region wohlhabende Dörfer und Städtchen. Eine agrarische Rarität ist der hier bevorzugte Anbau von Dinkel, aus dem vor allem Grünkern erzeugt wird. Die Bauern waren in der Vergangenheit in diesem Gebiet sich überschneidender Herrschaftsrechte, wo Bischöfe, Klöster, Reichsritter und Landesherren ihre Ansprüche gegeneinander auszuspielen versuchten, nicht unfrei, mußten aber erhebliche Steuern zahlen. Neben den Vollbauern gab es immer mehr Kleinbauern und Taglöhner. Die soziale Krise entlud sich im sogenannten Bauernkrieg, der eigentlich ein Aufstand des »gemeinen Mannes« und nicht nur der Bauern war. Er war durch den »Pfeifer von Niklashausen« (im Taubertal) vorbereitet und brach dann 1525 in aller Schärfe aus. Doch den Truppen des Würzburger Fürstbischofs waren die Odenwälder Haufen trotz der Führung durch Götz von Berlichingen nicht gewachsen. Erinnerungen an diese Erhebung wurden auch 1848 geweckt, als die Bauern hier im Odenwald sowie an Main und Tauber in der Anfangsphase der Revolution Schlösser und Rentämter erstürmten und ihre Forderungen mit Gewalt durchzusetzen versuchten. Badisches Militär warf den Aufstand freilich bald nieder.

Die wiederholten Bauernerhebungen in der Region sollten nicht dazu verleiten, die hiesige Bevölkerung für besonders aufsässig zu halten. Man muß nur an einem der zahlreichen Wallfahrtstage in Walldürn dabeisein, um zu erleben, wie fromm und ergriffen die Odenwälder an den Prozessionen teilnehmen oder sich in der Kirche versammeln. Am Dreifaltigkeitssonntag können das über 100 000 Pilger sein. Diese Wallfahrt entstand im 15. Jahrhundert und gilt einer vermeintlichen Reliquie des Heiligen Blutes. Damals hieß der Ort noch Dürn oder Walldürn, wurde dann aber zu Walldürn. Ein

Mainzer Fürstbischof aus dem Geschlecht derer von Schönborn ließ eine mächtige Barockkirche über dem Hl. Blut-Altar erbauen, die 1728 fertiggestellt wurde. Die Kirche – 1962 vom Papst in den Rang einer »Basilika« erhoben – grüßt hoch über dem Ort die Wallfahrer schon von weitem. Neben der Wallfahrt und einem blühenden Devotionalienhandel bietet Walldürn dem Besucher ein durchaus reizvolles Stadtbild mit malerischen Winkeln, Brunnen und Fachwerkhäusern.

Noch reicher ist die altüberlieferte Bausubstanz der Odenwaldstädte Buchen und Mosbach. In der Hauptstraße in Buchen wurden alte und neue Gebäude harmonisch miteinander in Einklang gebracht. Die gotische Stadtkirche und das sehenswerte Heimatmuseum im »Steinernen Haus« bezeugen ebenso wie der Turm des sogenannten »Mainzer Tors«, daß Buchen ehemals ein wichtiger Außenposten des Bischofs von Mainz gewesen ist.

Mosbach hingegen gehörte ursprünglich zum Hochstift Worms, kam aber dann an die Pfälzer Kurfürsten, die hier eine Nebenresidenz für eine Seitenlinie der Dynastie einrichteten. Mosbach hatte in den »Franzosenkriegen« das Glück, daß die Soldaten Melacs die Stadt verschonten, wahrscheinlich aufgrund der Intervention von Franziskanermönchen aus dem damals gerade neu erbauten Barfüßerkloster. Diesem Umstand verdankt die Stadt ihre jahrhundertealte Bausubstanz und ihren Ruf als Stätte des Fachwerkbaus. Man findet in der verkehrsfreien Altstadt Fassaden von einzigartiger Schönheit wie das »Palmsche Haus« (im Renaissancestil erbaut) oder das spätgotische Haus »Kickelhain«, das heutige Heimatmuseum. Das Rathaus mit seinem Treppengiebel stammt aus dem 16. Jahrhundert. Die Stadtkirche geht auf frühere Bauelemente zurück und wurde seit dem 18. Jahrhundert von Protestanten und Katholiken »simultan« genutzt.

Mosbach ist Mittelpunkt eines großen Hinterlandes. Während der Industrialisierung schritt die Entwicklung hier aller-

103

dings – wie in der ganzen Odenwald-Region – nicht weit voran. Man sprach vom »Badischen Hinterland« oder gar von »Badisch-Sibirien«. Eine lang anhaltende Auswanderungswelle ließ die Bevölkerung von 1850 bis nach dem Zweiten Weltkrieg stagnieren. Dann aber führte ein starker Flüchtlingsstrom zu einem plötzlichen Wachstum der Einwohnerzahl um rund 50%. Das schuf erneut Probleme. Anfang der 50er Jahre galt die Region als ausgesprochenes Notstandsgebiet. Dann erst begannen großangelegte Förderprogramme zu greifen. Heute findet man hier Industrien der verschiedensten Branchen, vom Nahrungsmittelbereich bis zum Maschinen- und Fahrzeugbau. Zugleich behielt der Odenwald seine besonderen landschaftlichen Reize. Im Süden schuf man mit dem Naturpark Neckartal – Odenwald auf einer Fläche von 1300 Quadratkilometern ein in dieser Ausdehnung in Deutschland einmaliges Naherholungsgebiet mit einer großen Vielfalt an Pflanzen- und Vogelarten. Um Waldbronn konnte man ein modernes Kurgebiet aufbauen, das besonders seines Reizklimas wegen geschätzt wird.

Viele kennen das Gebiet vom Odenwald zum Taubergrund als das »Madonnenländchen«. Geistliche Herren wie die Bischöfe von Würzburg, Worms oder Mainz, letztere besaßen z. B. Tauberbischofsheim, und Ordensleute wie die Zisterzienserinnen von Billigheim, die Zisterzienser von Bronnbach oder die Templer in Neckarelz haben das religiöse Leben in der Region maßgeblich geprägt. Ihr Kunstsinn und die Frömmigkeit der Bevölkerung verschafften dem Land viele Kirchen mit reicher Ausstattung, darunter herrliche Marienskulpturen aus der Spätgotik und dem Barock. Aus der Barockzeit stammt auch der Brauch, Marienfiguren auf Säulen, Brunnenstöcken oder in Hausnischen anzubringen. Weitere Marienbildnisse findet man in Bildstöcken am Ortsrand oder mitten im Dorf. Besonders typisch für das »Madonnenländchen« sind die Barockmadonnen auf »Traubensäulen«, um deren Schaft sich Weinranken mit reifen Trauben schlingen. Sie geben dem Glauben und zugleich einer Lebensart Ausdruck, die der Natur und dem Schönen verbunden ist.

From the Odenwald Forest to the Taubergrund Region

The Odenwald Forest meets the Black Forest and spreads northwards as a continuation of it. It is, however, flatter and lower than the Black Forest. As in the northern part of the Black Forest, most of the trees are coniferous. It is only on the western slopes leading towards the Bergstrasse region that the soil is more fertile and the climate milder.

The farming land, which stretches from the Odenwald Forest to the Jagsttal and Taubertal Valleys has a particularly fertile muschelkalk soil and agriculture in this region has flourished as a result. The farmers here were formerly governed by various different masters, who were continually competing and plotting against one another. This tense atmosphere coupled with the worsening social climate resulted in rebellions as early as the end of the 15th. Century and especially at the start of the 16th. Century. Peasants' uprisings at the start of the revolution of 1848 were likewise violently suppressed by the authorities.

The majority of towns in the region are picturesque, with a great number of half-timbered houses, pretty fountains and quaint villages. There are also handsome town halls and taverns to be found here. The district town of Mosbach is particularly rich in historical buildings. The town was spared destruction during the "French Wars". The Buchen town centre is also full of history, as is Walldürn, the place of pilgrimage, with its baroque pilgrims' basilica. There are many statues of our Lady to be found in the towns and villages of this region, and it is for this reason that it has also been given the name, "The Little Land of the Madonnas".

During the period of industrialisation, the Odenwald Forest region developed very little. It was still considered a deprived area in 1950. Since then, with the help of a development programme organised by the land, many industrial companies have been able to gain a foothold. As well as this, an extensive holiday and leisure area has been developed in the Neckartal Valley-Odenwald Forest National Park.

Depuis l'Odenwald au Taubergrund

La montagne de l'Odenwald est en quelque sorte la rallonge de la Forêt-Noire vers le nord, bien qu'elle soit moins dentelée et moins élevée. Comme au nord de la Forêt-Noire, la forêt se compose surtout de pins et sapins, les sols ne sont fertiles et le climat n'est doux qu'aux pentes occidentales qui touchent à la Route des montagnes.

Le paysage qui s'ensuit de l'Odenwald jusqu'à la vallée des fleuves Jagst et Tauber est une région agraire au sol calcaire de grande fertilité. Ses paysans dépendirent jadis de seigneurs différents dont chacun cherchait à l'emporter sur l'autre.

La crise sociale s'aggravant, les paysans de la région se révoltèrent déjà bien tôt vers la fin du 15e siècle, et puis, de façon plus violente, lors de la guerre des Paysans au début du 16e siècle, révolte pourtant réprimée par les troupes du prince-évêque de Würzburg.

La rébellion des paysans qui se joignirent à la révolution de 1848 fut également étouffée de force par les autorités.

Les villes et villages de la région sont pour la plupart des sites très avenants. Des maisons en pans de bois, de jolies fontaines et des coins pittoresques, des hôtels de ville distingués, des tavernes invitent à la visite. C'est la ville de Mosbach qui abonde en édifices historiques. Pendant la Guerre aux Français, la ville resta intacte.

Buchen attire également par sa cité historique, de même que Walldürn, lieu de pèlerinage avec une basilique baroque. Pour le fait que les villes et villages de la région présentent partout des statues de la Sainte Vierge, elle est appelée aussi «pays de la Madonne».

L'industrialisation ne mit les pieds à l'Odenwald qu'avec beaucoup de retard; encore vers 1950, la région passait pour un pays sousdéveloppé. Entretemps le land a établi un programme d'aide spéciale encourageant beaucoup d'entreprises industrielles à s'installer.

A part cela, on a créé au sud le parc régional du Neckartal – Odenwald dont les beautés naturelles offrent le repos à ceux qui en ont besoin.

75 Mosbach. Als »Hauptstadt der kleinen Pfalz« wird Mosbach bezeichnet, weil die Wittelsbacher hier eine Zeitlang eine Nebenresidenz unterhielten. Da die Stadt seit der frühen Neuzeit von Kriegen und Bränden verschont blieb, ist sie auch die »Stadt der schönsten Fachwerkhäuser«. Das Rathaus ist ein Renaissancebau aus Stein mit einem Turm aus dem Jahr 1566.

75 Mosbach. The Wittelsbachers kept a secondary residence here for a period of time. As, since the beginning of the modern age, the town has been spared the ravages of war and fire, it remains, even today, a town with some of the most beautiful half-timbered houses. The town hall on the market square is a Renaissance building made of stone with a tower dating from 1566.

75 Mosbach. Les ducs de Wittelsbach avaient une résidence secondaire à Mosbach. Epargnée de guerres et incendies, la ville garde l'apparence de «ville aux plus belles maisons en pans de bois». L'hôtel de ville près de la place du marché, une construction Renaissance en pierre avec une tour, date de 1566.

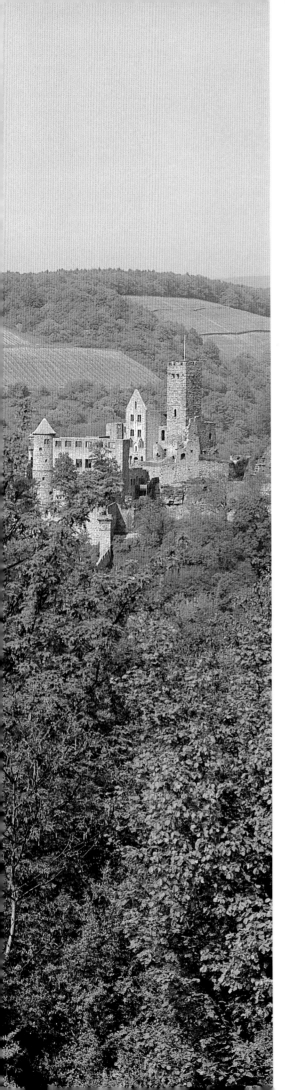

76 Wertheim. Die Stadt an der badischen Nordgrenze wird von der Höhenburg überragt, die von den Grafen von Wertheim um 1100 auf der linken Mainseite erbaut wurde. Die Ruinen bezeugen den späteren Ausbau der Burg. Weinbau und Weinhandel, Zoll- und Geleitrechte sowie die Tuchproduktion brachten Wohlstand in die Stadt, die im Kern ihr altfränkisches Aussehen bewahrte.

76 Wertheim. The town on Baden's northern border is dominated by Höhenburg castle, built by the Dukes of Wertheim around 1100. The ruins bear witness to the later extension of the castle. Winegrowing and trade, customs and escort rights as well as cloth production all brought prosperity to the town which, in its centre, has retained its old Franconian appearance.

76 Wertheim. La ville aux confins nord du Bade est culminée du château fort en altitude que les comtes de Wertheim ont fait construire vers l'an 1100. La culture de la vigne, le commerce du vin et la fabrication de tissus ont apporté une grande prospérité à la ville dotée en plus de droits douaniers et de sauf-conduit. Au centre elle garde l'aspect de ville ancienne de Franconie.

77 Tauberbrücke bei Reicholzheim. Die Tauber fließt bis Bronnbach in einem breiten, geradlinigen Tal. Danach bildet der Flußlauf eine S-Linie. Zahlreiche Brücken verbinden die Städte und Dörfer links und rechts der Tauber miteinander. Viele von ihnen tragen Brückenfiguren, vor allem den heiligen Nepomuk, den Patron der Flößer, Schiffer und Müller.

77 The Tauber Bridge near Reicholzheim. The Tauber flows through a broad, straight valley up to Bronnbach whereupon the course of the river takes on an S-form. Countless bridges join up the settlements on the left and right banks of the Tauber. Many of these bridges bear bridge figures, mainly that of the holy Nepomuk, patron saint of raftsmen, boatsmen and millers.

77 Pont sur la Tauber près de Reicholzheim. A partir de Bronnbach, le fleuve prend son cours en ligne «S». De nombreux ponts relient les lieux situés sur ses bords. Beaucoup de ces ponts sont décorés de figures de proue représentant saint Népomuk, patron des flotteurs, des bâteliers et des meuniers.

107

78 Tauberlandschaft bei Königshofen. Das Tauberland hat fruchtbare Böden und ein günstiges Klima. Daher ist das Gebiet früh und dicht besiedelt worden. Die starke Parzellierung ließ allerdings auch Bauern verarmen, weshalb hier der Bauernkrieg besonders heftig verlief. Hier erlitten die Bauern 1525 die entscheidende Niederlage.

78 Tauber Landscape near Königshofen. Tauberland has fertile soils and a favourable climate both of which led to the early and dense settlement of the area. The severe subdivision of the land, however, led to the impoverishment of the farmers which is why the Peasants Wars were fought most violently in this region. The peasants suffered their decisive defeat here in 1525.

78 Paysage de la Tauber près de Königshofen. Le pays de la Tauber où les sols sont fertiles et le climat est favorable, fut colonisé de bonne heure. Néansmoins l'amoncellement de la terre appauvrit bien des paysans, qui se révoltèrent de façon très violente dans ce pays, leur Guerre fut pourtant perdue lors de la défaite definitive de 1525.

79 Walldürn. Die Wallfahrtskirche zum Heiligen Blut überragt den Ort Walldürn, der seinen Namen und seine Bedeutung einer Wallfahrt verdankt, die der Überlieferung nach auf ein Wunder im Jahr 1330 zurückgeht. Die barocke Kirche entstand Anfang des 18. Jahrhunderts. In der mehrwöchigen Hauptwallfahrtszeit nach Pfingsten kommen weit über 100 000 Pilger hierher.

79 Walldürn. The pilgrimage Church of the Holy Blood dating from the 18th century dominates the appearance of Walldürn. The locality owes its name and importance to the pilgrimages which, as tradition has it, go back to a miracle that occured here in 1330. Over 100 000 pilgrims visit during the main pilgrimage season which lasts for several weeks after Whitsun.

79 Walldürn. L'église du Saint Sang datant du 18e siècle domine l'aspect de Walldürn qui doit son nom aux pèlerinage à la suite d'un miracle s'y étant produit en 1330. Au période de pèlerinage principal, après la Pentecôte, s'y rendent plus de cent mille pèlerins.

80 Buchen, Mariensäul
Buchen besitzt wie vie
Orte im Frankenla
kunstvolle Fachwerkhä
ser. Manche sind mit Hau
madonnen geschmüc
Auch auf Brunnen u
Bildstöcken sowie in K
chen findet man, me
barocke, Mariendarstellu
gen. Daher wird die Regi
auch als »Madonnenlän
chen« bezeichnet. D
Mariensäule in Buch
stammt aus dem Jahr 175

80 Buchen, Madonna P
lar. Elaborately design
half-timbered houses are
be found in Buchen tov
centre. Several are dec
rated with Madonn
There are also countle
mainly Baroque, dep
tions of the Virgin Mary
be found on fountai
wayside shrines and
churches. For this reaso
the region is known
"Madonna Land". T
Madonna Pillar in Buch
originates from the ye
1753.

80 Buchen, colonne
Ste Marie. Quelquesun
des maisons en pans
bois artistiques de Buch
sont décorées de statues
la Vierge. De nombreus
représentations de la sai
se trouvent sur les fontain
et petits sanctuaires de
ville et dans ses églis
C'est le «pays de la Mado
ne». La colonne de Ste M
rie à Buchen date de l'a
1753.

Landeskunde und Geschichte bei Theiss

Schwäbische Alb

Von Hermann Baumhauer und Joachim Feist.
112 Seiten mit 80 Farbtafeln. Dreisprachig.
Der neue Bildband über die Traumlandschaft der
Schwaben. Die informativen und brillant geschrie-
benen Texte von Hermann Baumhauer zeigen
zusammen mit den achtzig meisterhaften Farbfoto-
grafien von Joachim Feist den Reichtum und die
faszinierende Vielfalt der Schwäbischen Alb.

Hinter der blauen Mauer

Bilder von der Schwäbischen Alb.
Von Ernst Waldemar Bauer und Petra Enz-Meyer.
144 Seiten mit 184 farbigen Abbildungen.
Die Schwäbische Alb: ein Wunder der Erde. Ernst
Waldemar Bauers Streifzüge zu den Besonderheiten,
dem Markanten der »blauen Mauer« in einem reich
bebilderten, faszinierenden Buch.

Das große Buch der Schwäbischen Alb

Hrsg. von Ernst Waldemar Bauer und Helmut
Schönnamsgruber. 214 Seiten mit 410 farbigen
Abbildungen.
Eine beispiellos gelungene Kombination aus farbi-
gem Bildband und modernem Sachbuch über die
Schwäbische Alb.

Das große Buch vom Schwarzwald

Von Hartwig Haubrich, Wolfgang Hug und Herbert
Lange. 215 Seiten mit 391 farbigen Abbildungen.
Der große Bildband von der Entstehung des
Schwarzwalds vor Jahrmillionen bis zur heutigen,
vom Menschen geprägten Kulturlandschaft.

Im Schwarzwald daheim

Leben und Arbeit in alten Fotografien. Von Alwin
Tölle und Wolfgang Hug. 116 Seiten mit 94 Tafeln.
Alwin Tölle, seit vierzig Jahren im Schwarzwald
daheim, hat Täler und Höhen der Landschaft, Höfe
und Felder der Bauern, ihr Tagwerk und ihre Feste,
ihre Trachten und ihre Bräuche mit der Kamera
festgehalten.

Die Leute auf dem Wald

Alltagsgeschichte des Schwarzwalds zwischen bäuerlicher Tradition und industrieller Entwicklung.
Von Klaus Hoggenmüller und Wolfgang Hug.
248 Seiten mit 52 Abbildungen.
Die Sozial- und Alltagsgeschichte schildert anhand
zahlreicher Textzeugnisse und Bilddokumente die
Arbeits- und Lebensbedingungen der Schwarzwälder in den letzten Jahrhunderten.

Unser Land Baden-Württemberg

Hrsg. von Ernst Waldemar Bauer, Rainer Jooß und
Hans Schleuning. 335 Seiten mit 617 Abbildungen,
davon 331 in Farbe.
Die handliche Gesamtinformation über Baden-
Württemberg mit allem Wissenswerten aus
Geschichte, Natur, Geographie, Wirtschaft, Technik,
Politik und Zeitgeschichte.

Baden-Württemberg

Bild einer Kulturlandschaft. Von Hermann
Baumhauer. 256 Seiten mit 156 ganzseitigen
Farbtafeln.
Ein farbiger Geschenkband, der zu über 150 ausge-
wählten, besonders eindrucksvollen kulturhistori-
schen Sehenswürdigkeiten führt.

Baden-Württemberg in der Mitte Europas

Von Reiner Rinker. 78 Seiten mit 64 Farbtafeln. Text
und Bildlegenden dreisprachig.
Baden-Württemberg: eine glückliche Mischung aus
Gottesgaben und Menschenwerk. Dies zeigen die
bestechend schönen Farbtafeln mit Landschaften,
Städten, Fachwerkdörfern, Burgen, Schlössern und
Kirchen.

Museen in Baden-Württemberg

Hrsg. vom Museumsverband Baden-Württemberg.
Bearbeitet von Karin Baumann. 3., völlig neu bear-
beitete Auflage. 496 Seiten mit 396 farbigen
Abbildungen.
Der reich bebilderte Führer durch die vielfältige
Museumslandschaft in Baden-Württemberg:
930 Museen und Sammlungen von A bis Z.

Aus tausend grünen Spiegeln…

Eine poetische Entdeckungsreise in Baden-Württemberg. Hrsg. von Thomas Vogel.
144 Seiten mit 60 farbigen Abbildungen.
Poetische Texte und stimmungsvolle Bilder führen
uns durch Baden-Württemberg. Die ausgewählten
Geschichten und Gedichte stammen sowohl von
zeitgenössischen Autoren als auch aus der Feder
großer Dichter der Vergangenheit.

Romanik in Baden-Württemberg

Von Heinfried Wischermann. 337 Seiten mit 195
Tafeln, davon 22 in Farbe und 56 Abbildungen im
Text. Die erste zusammenfassende Darstellung der
romanischen Baudenkmäler in Baden-Württemberg.
Neben einem allgemeinen Überblick werden im
topographischen Teil 70 Kirchen und einige
Profanbauten ausführlich vorgestellt.

Barock in Baden-Württemberg

Von Volker Himmelein, Klaus Merten, Wilfried
Setzler und Peter Anstett. 256 Seiten mit 168 Tafeln,
davon 78 in Farbe.
Mit diesem Werk wird dem Leser die barocke
Kunstlandschaft Südwestdeutschlands in Text und
Bild erstmals im großen Zusammenhang und in
vielen Details vorgestellt.

Die Wilhelma

Ein Paradies in der Stadt. Von Wilbert Neugebauer.
190 Seiten mit über 300 farbigen Abbildungen.
Ein Buch für jeden Tier- und Pflanzenfreund, eine
einzigartige Dokumentation zum 140jährigen
Jubiläum, die uns teilhaben läßt am Leben und
Wachsen eines geretteten Paradieses inmitten der
Großstadt.

Württemberger Weinkunde

Von Hans Georg Frank. 228 Seiten mit 36 Farbtafeln.
Alles über den Württemberger Wein, von den Mühen
im Wengert bis zum geliebten Viertele: Rebsorten,
Weinlandschaften, Weinorte und Weinlagen,
Weinlehrpfade und Weinmuseen.

THEISS

Landeskunde und Unterhaltsames bei Theiss

Lieber Fiskus

Nicht nur heitere Betrachtungen eines Steuerzahlers. Von Karl Napf. Mit einem Vorwort von Manfred Rommel. 160 Seiten mit 10 Zeichnungen von Mechtild Schöllkopf-Horlacher.
Kurioses und Lustiges, Ärgerliches und Brisantes aus der Steuerszene. Ein neues Meisterwerk des bekannten Autors.

Der neue Schwabenspiegel

Von Karl Napf. 208 Seiten mit 14 Zeichnungen von Mechtild Schöllkopf-Horlacher.
Nicht ganz ernst gemeinte Betrachtungen über schwäbische Leut´ von heut´, z.B. »Die Kehrwöchnerin«, »Der Daimlerarbeiter«, »Der Häuslebauer«, »Der Tüftler« und viele mehr.

Der Schwabe als solcher

Von Karl Napf. Eine heitere Charakterkunde. 158 Seiten mit 14 Zeichnungen von Mechtild Schöllkopf-Horlacher.
Karl Napf gelingt es wieder einmal auf unnachahmliche Weise, die Facetten schwäbischer Wesensart zu beleuchten. So wird der Schwabe mit Scherz, Satire und Ironie, aber nicht ohne Bewunderung geschildert.

Die Hochzeit in Steinhausen

und andere heitere Geschichten aus Schwaben. Von Wolfgang Brenneisen. 160 Seiten.
Brillant erzählte, heiter-ironische Geschichten über das Land und seine Leute: Überall im Ländle gibt es unverwechselbare, farbige Charaktere, und immer geschieht etwas Interessantes, Lustiges oder Unglaubliches.

Das entführte Kamel und andere Geschichten aus Baden und Württemberg

Hrsg. von Friedrich A. Schiler. 320 Seiten.
Eine Auswahl der schönsten literarischen Zeugnisse aus Baden und Württemberg. Sowohl Klassiker wie Goethe und Schiller sind in diesem Band vertreten als auch Autoren der Gegenwart wie Martin Walser und Peter Härtling. Die 62 Geschichten und Gedichte aus sechs Jahrhunderten garantieren Lesevergnügen von der ersten bis zur letzten Seite.

Spätzle, Trümmer und Amore

Eine nicht ganz alltägliche Lebensgeschichte. Von Hilde Rota. 200 Seiten.
Die glücklichen Jahre der Kindheit, die dramatischen Erlebnisse während der Kriegsjahre und ihre unbeschwerte Zeit nach 1945 in Italien – all dies beschreibt die Autorin in ihrer Autobiographie sehr lebensnah und fängt auf eindrucksvolle Weise die Atmosphäre jener Zeit ein.

Pferdle & Äffle I
Viecher send au blos Menscha
Pferdle & Äffle II
Lieber gschwätzt wie gar nix gsagt

Von Armin Lang. Jeweils 84 Seiten mit 40 farbigen und zahlreichen Schwarzweiß-Abbildungen. Szenen, Gags und Sprüche des tierisch guten Schwaben-Duos. Für alle Fans, denen die schwäbischen Werbe-Viecher ans Herz gewachsen sind.

Sauglatt

Satire in Schwaben. Hrsg. von Thomas Vogel. 112 Seiten mit 27 Fotos und 30 Zeichnungen von Sepp Buchegger.
Das erste Buch über Satire in Schwaben!
Mit Beiträgen von Uli Keuler, der kleinen Tierschau, Wolle Kriwanek, Christoph Sonntag, Grachmusikoff, The Shy Guys u. v. a.

Gottfried Fingerles schwäbische Lebensfilosofie

Von Fritz Peter Seitz. Mit Zeichnungen von Sepp Buchegger. Hrsg. von Thomas Vogel. 77 Seiten mit 12 Zeichnungen.
Humorvolle Mundartglossen über Menschliches und Allzumenschliches. Aus der Rundfunksendung »Schwäbische Stunde«.

Kleine Geschichte(n) von Baden-Württemberg

Verbürgtes, Überliefertes und Erfundenes von der Früh- bis zur Spätzeit. Von Traugott Haberschlacht. 238 Seiten mit 16 Zeichnungen.
39 historische Purzelbäume zum Schmunzeln und Nachdenken.

Droben stehet die Kapelle …

Ausflüge in die Vergangenheit Schwabens. Von Gunter Haug. 190 Seiten mit 15 Zeichnungen. Erlebte Geschichte auf fünfzig Ausflügen zu schwäbischen Sehenswürdigkeiten, Museen, Gedenkstätten und Naturdenkmalen.

Badener und Württemberger

Zwei ungleiche Brüder. Von Klaus Koziol. 200 Seiten.
Die Auswirkungen der jahrhundertelangen Eigenstaatlichkeit von Baden und (Alt-) Württemberg im heutigen sozialen, gesellschaftlichen, kulturellen und politischen Leben.

Als Baden noch in Schwaben lag …

Sagen in Baden-Württemberg und ihre historischen Hintergründe. Von Ulrich Maier. 227 Seiten mit 8 historischen Abbildungen.
Der Autor spürt dem historischen Kern bekannter und weniger bekannter Sagen aus Baden-Württemberg nach. Dabei erweisen sich Geschichten von Geistern, Zwergen und Riesen als faszinierende Zeugnisse und wertvolle Quellen südwestdeutscher Geschichte.

Vom Mummelsee zur Weibertreu

Die schönsten Sagen aus Baden-Württemberg. Von Manfred Wetzel. 420 Seiten mit 30 Zeichnungen. Die 200 schönsten Sagen aus allen Landschaften des Landes, neu erzählt und reizvoll illustriert.

Schwäbisch vom Blatt für Schwaben und andere

Hrsg. von der Südwestpresse. 321 Seiten.
Ein übersichtliches schwäbisches Wörterbuch von A-Z mit Wörtern, Sprüch´ und 35 original schwäbischen Kochrezepten.

THEISS